T0269740

Mireia Rosich

EN LA ESTELA DEL MITO

DEL MITO

Doce figuras femeninas de la Antigüedad clásica

editorial Kairós

© 2021 by Mireia Rosich

© de la edición en castellano:
2021 by Editorial Kairós, S.A.
Numancia 117-121, 08029 Barcelona, España
www.editorialkairos.com

FOTOCOMPOSICIÓN
Grafime. 08014 Barcelona

DISEÑO CUBIERTA
Editorial Kairós

IMAGEN CUBIERTA
Circe Invidiosa. John William Waterhouse, 1892
Art Gallery of South Australia, Adelaida

IMPRESIÓN Y ENCUADERNACIÓN
Litogama. 08030 Barcelona

Primera edición: Abril 2021

ISBN: 978-84-9988-848-4
Depósito legal: B 3.153-2021

«Un país sin leyendas se moriría de frío;
un pueblo sin mitos está muerto».

GEORGES DUMÉZIL, MITO Y EPOPEYA

«La primera función de una mitología consiste
en despertar en el hombre el temor y el asombro
e iniciarlo en el escrutable misterio del ser».

JOSEPH CAMPBELL, EL VIAJE DEL HÉROE

«El mito narra una historia sagrada, es decir, un acontecimiento
primordial que tuvo lugar en el comienzo de los tiempos
y cuyos personajes son los dioses o los héroes civilizadores».

MIRCEA ELIADE, LA PRUEBA DEL LABERINTO

«Los mitos son historias de la tribu
que viven en el país de la memoria».

CARLOS GARCÍA GUAL, DICCIONARIO DE MITOS

«Si trazáramos un mapa que incluyera todos los mitos,
tendríamos el dibujo exacto del alma humana».

RAFAEL ARGULLOL, VISIÓN DESDE EL FONDO DEL MAR

SUMARIO

INTRODUCCIÓN

SIEMPRE NOS HA GUSTADO que nos cuenten historias. Para darle sentido al mundo hay que narrarlo de algún modo. Un mito –*mŷthos*, en griego– significa relato. En la Grecia arcaica, los aedos o cantores recitaban las hazañas de seres primigenios que habían existido en tiempos remotos. Aquello que fijó por escrito un tal Homero eran cantos, porque las historias fluían en el aire entonadas por estos artistas rasgando las cuerdas de un instrumento que acompañaba el ritmo de los versos. Era un momento irrepetible de verdadera transmisión en el seno de las pequeñas comunidades. En esa escucha atenta se producía un calado lento de los mensajes subyacentes. Como decía Michel Clermont, esos relatos constituían una especie de lengua materna, inmediatamente accesible. No se trataba de simple entretenimiento. Nunca lo es. Los personajes, los retos, los símbolos se depositan en nuestro interior, generando un sustrato. Con cada historia que nos llega, nuestra percepción se amplifica y la mirada interna se agudiza. Los mitos y las leyendas enriquecen la vida sensible.

La cristalización de esa tradición oral en escritos nos ha permitido a todas las generaciones posteriores vislumbrar un universo maravilloso de metamorfosis sorprendentes, criaturas híbridas y geografías imaginarias. Y, a pesar de la

distancia que nos separa, hay algo en esos paisajes imposibles que nos resulta extraño y familiar a la vez. Extraño
y familiar, dos sensaciones aparentemente contradictorias
que confluyen. Cuando nos aproximamos a los mitos de
cualquier civilización desde nuestra óptica moderna, nos
aturden, al tiempo que nos atraen, sus sucesos ilógicos. La
mente analítica intenta descifrarlos acumulando más y más
información. Pero la ignorancia, como decía Krishnamurti,
no radica en la falta de conocimientos librescos: la esencia
de la ignorancia es la falta de conocimiento propio. Ahí es
donde ese gran compendio de saber intuitivo contenido en
la mitología se convierte en un pozo para nuestra sed de hoy,
en este hoy en el que tenemos acceso a miles de datos con
un solo clic, pero al mismo tiempo nos sentimos más abandonados y huérfanos que nunca. Nos preguntamos dónde
estarán nuestros aedos, nuestros momentos divinos. ¿A qué
lugar nos aproximamos en busca de eternidad? ¿A qué cima
de qué montaña, a qué piedra de qué bosque? ¿Qué gestos
nos mueven, qué ritos nos quedan? ¿Quién nos alumbra ese
encuentro? Hemos desacralizado nuestro entorno y eso nos
ha vaciado por dentro. ¿Cómo podríamos transitar entonces
por los mitos, para hallar, como decía Jung, cuál es el nuestro
y, de paso, atrevernos a vivirlo?
   Cualquiera de esas historias milenarias cobra otro sentido
cuando se establece una analogía con nuestras experiencias
personales, cuando se meten bajo la piel y pulsan en nuestro interior. Eliade sostenía que el mito es una revelación
de la vida divina del hombre. Precisamente por eso siempre
ha estado ahí, desde tiempos inmemoriales. Ningún mito se
inventa racionalmente, como apunta Helen M. Luke, debe

nacer del crisol de nuestras propias luchas y sufrimientos. No hay sociedad humana sin su mitología, del mismo modo que no hay psique humana que no produzca espontáneamente sueños cuando duerme. Las criaturas de la noche se despliegan en escenarios oníricos mientras nuestra voluntad no interviene. Otra cosa muy distinta es si después somos capaces de recordarlos, de convivir con ellos, si los aplastamos o los respetamos, si los seguimos o los descartamos, si los escribimos o los pintamos, como hicieron Remedios Varo o William Blake. Las obras de arte donde otros han proyectado sus mundos nos ayudan a compensar nuestras grietas internas.

Este libro no pretende explicar otra vez los mitos clásicos. Los mitos, con sus diferentes versiones, han sido ya contados. Existen miles de ensayos y diccionarios confeccionados por grandes eruditos con todas las fuentes de procedencia recopiladas. Quizá, como afirmaba Kirk, las paráfrasis modernas sobre mitos son más fieles a los enciclopedistas que a los poetas. Regresemos a las metáforas. Los mitos no son historias literalmente ciertas, sino simbólicamente preñadas de verdades. El lenguaje poético nos permite formular grandes preguntas con pocas palabras. Por eso el mito, que es poesía, es complejo y a la vez comprensible. Responde a otra lógica, a otro código, permite muchas aproximaciones, y se convierte en un abrevadero perenne. No se trata, pues, aquí, de poner atención en los hechos, las sagas o los autores, sino de explorar la resonancia que pueden provocar las esencias de cada historia en nosotros, ahora. Ser el diapasón que tiembla en el aire. Detectar en qué momento un relato universal toca una fibra personal para que el pálpito interior se inicie, si es que estaba interrumpido. Observar en qué punto conecta con algo que hemos sentido, intuido, percibido, pero nunca habíamos reconocido con claridad. Cómo recuperar esa sabiduría antigua para nuestra vida cotidiana.

Muchos mitógrafos han defendido que la mitología iniciaba al individuo en el inescrutable misterio del ser. Qué necesaria esa iniciación. En las historias antiguas, atemporales, se ha destilado tanto contenido humano que nos permiten siempre encontrar, de algún modo, un reflejo propio de aquello más hondo de nosotros que lleva tiempo dormido, y cuando nos alcanzan, el gran dragón que custodia nuestro tesoro personal, de repente, abre un ojo.

El trayecto del laberinto en doce figuras femeninas

El recorrido a través de doce figuras femeninas nos hace entrar en el paisaje de la mitología griega desde otra puerta. Doce es un número simbólico, que permite transitar por un sendero circular. Doce personajes, doce pasajes, como el giro de una rueda solar, como un ciclo anual o, mejor, como el toque de doce campanadas que dejan vibraciones. Y detenernos en lo que vibra, esa onda suspendida, casi imperceptible, pero real, única y compartida.

Todos los personajes femeninos escogidos son portadores de un mensaje encapsulado que se va abriendo a medida que se despliega el mito desde el lugar que ellas ocupan. Nada está contado siguiendo el esquema tradicional del desarrollo de la aventura, del inicio al final, con un protagonista principal y muchos verbos. Ni están ordenados por ciclo mítico, ni por cronología ni por geografías, ni por las distintas fuentes originales que se han conservado. Nos centramos en el papel de una determinada figura femenina y sus analogías con la vida. Ellas son el umbral de acceso, la lente de enfoque. Juegan otro tipo de rol que, sin estar instalados en la acción, nos aporta otros rastros. No es la melodía fácil lo que vamos a oír, sino los acompañamientos delicados, donde nos escuchamos con el oído interior, donde nos vislumbramos veladamente, donde se nos interpela sobre temas eternos que se mueven en marañas personales. Zambrano sugería pensar con las entrañas. Tan fácil y tan difícil. Es más complejo acceder a lo subyacente, al tempo pausado por debajo del ritmo intenso, a lo dicho entre líneas, al trasfondo. Pero es en ese plano, por debajo, donde se produce una transformación silenciosa a la par que profunda. En ese juego de los espejos, quizá podamos ver algo, vernos, más allá de la trepidante actividad que, tanto en el mito como en la vida, nos tiene en un permanente desasosiego. Hay que descender, hacia el fondo, hacia dentro, hacia el centro.

Los personajes seleccionados son exclusivamente figuras femeninas y, tomando como eje su historia, siguiendo sus huellas, nos adentramos en territorios que nos son confusamente familiares. Nos detendremos en **Ariadna,** porque ella es la joven inteligente que ofrece el hilo salvador para poder salir del laberinto. Hilos como cuerdas, esas que nos sostienen en momentos cruciales, y sin las cuales ni Teseo ni nadie puede regresar de las oscuridades. Penetrar en lo oculto requiere valor. Por eso hablaremos de las **Ménades o Bacantes** que, como nos cuenta Eurípides, formaban parte de ritos dionisíacos donde todo lo reprimido emergía, en la lejanía del bosque nocturno, fuera de los muros de la ciudad, cerca del mundo salvaje, allí donde las convenciones y las contenciones caen. Seguiremos los pasos de **Pandora,** cuando abre la caja prohibida y se esparcen los males por el mundo, porque cualquier transgresión acarrea sus consecuencias. Pandora fue concebida como castigo de los dioses para los seres humanos y fundó la raza de las hembras, unos seres que no pueden contener su curiosidad. Quizá debamos ver esa curiosidad como un instinto afilado, afinado, que persigue desvelar la verdad sobre unos males que han estado siempre entre nosotros. También nos fijaremos en la bella **Helena** y no en Paris, porque la guerra de Troya no estalla por cualquier motivo; hay que averiguar qué pasión descontrolada ha hecho arder algo importante, o en busca de qué somos capaces de pagar un alto precio. Como recitaba el poeta Margarit, «triste el que no ha perdido por amor una casa». Hay que ponderar en qué guerras nos enfrascamos, si tienen sentido. En un mundo tan competitivo parece que nos entrenan para combatir. La historia de **las Amazonas**, mujeres guerreras, nos hará reflexionar sobre ello. Ellas se enfrentaron contra los grandes héroes, de igual a igual, aunque perdieran. Entrar en conflicto contra todo nos aniquila. La tierra está agotada, nosotros también. El cansancio y el extravío nos empujan a buscar ayuda. Cuando las dudas nos paralizan y las dicotomías nos escinden, queremos hallar una voz oracular. Veremos que en la Hélade había santuarios específicos para aplacar esa llamada, lugares sagrados, y las célebres **Sibilas**, sacerdotisas que profetizaban el futuro gracias a su conexión con la divinidad. Las grandes preguntas sobre el devenir a menudo se responden de forma enigmática, *sibilina*. Ante grandes paradojas, la solución es poética. Nada es literal ni inmediato en el terreno de las almas. En el viaje de la vida buscamos guías para esas áreas desconocidas que nos resultan inexplicables, que a ratos incluso nos sobrepasan y, si tenemos suerte, topamos con una **Circe**. La maga, conocedora de alquimias y sortilegios, igual que nos convierte en animales, para revolcarnos en el lodo, nos instruye, obligándonos a llevar a cabo tareas duras como bajar al reino de las sombras y evaluar qué se ha muerto a nuestro alrededor. Nos vamos convirtiendo en nuestros propios guías cuando nos detenemos a hacer balance de lo vivido. ¿Cómo observar con ojos honestos lo que ha sucedido y lo que acontece? El trayecto de cada día está repleto de riesgos, algunos en forma de cantos de **Sirenas**, como exploraremos. Son atractivos, resbaladizos y pueden embarrancarnos en los escollos, es decir, detener nuestra evolución. Hoy en día, estamos muy entrenados para la evasión, la anestesia instantánea de la mente. Nos inducen a habitar únicamente la superficie fácil y cómoda de la actividad incesante, con pocas oportunidades para detenerla y aquietar la turbulencia. De ahí la relevancia de una figura como **Penélope**, el verdadero faro del aclamado Ulises. La espera y la resistencia son valores distintos pero fundamentales. No se trata de *llegar a*, sino de que el auténtico hogar exista y nos cobije. Penélope es el norte, un puerto, lo que se encuentra al alzar la vista y adquirir perspectiva para seguir navegando. Ítaca como metáfora. Tejer como símbolo. «Se hace camino al andar», decía Machado. El retorno es lento, el del héroe a su hogar, el del peregrino a su punto de partida, el de cada uno hacia uno mismo, del mar abierto hacia la isla, tu isla. Como en las crisálidas, las alas delicadas de la mariposa se van confeccionando cuidadosamente en su seno y hasta que no estén desarrolladas no volará. Los ciclos naturales no se pueden forzar ni detener. «La vida empuja como un aullido interminable», escribió Goytisolo. Nos lo enseña **Dánae**, a la que encarcelaron en una crisálida impuesta, una cámara acorazada por donde las gotas doradas del cielo se filtraron y fecundaron nuevos latidos en su vientre. A veces, en fases introspectivas, parimos una simiente nueva, un nuevo sentido, más horizontes. Las lluvias siempre han fecundado los campos para dar fruto. Dioses y diosas del cielo y la tierra ya están presentes en las primeras civilizaciones. De esa unión nace el brote verde, la esperanza, y también el grano, que es el alimento, la nueva vida, sin cárceles. Las simientes se riegan y las plantas florecen. Anhelamos esas primaveras personales porque, si los días son grises, nos sentimos apáticos, esposados. Es el turno para hablar de **Andrómeda**, la encadenada, y no de Perseo, el rescatador, porque se trata de ver qué encadenamos cuando sacrificamos nuestra parte vital, dónde está el monstruo que nos asedia y qué nos impide liberarnos. Visitaremos, para finalizar, a las **Hespérides**, ninfas del ocaso, que vivían en un jardín de frutos dorados. En la Tierra hemos imitado siempre esos paraísos para superar la fatiga humana. No en vano, el Jardín de las Hespérides estaba en el oeste, donde se pone el sol, porque es al final del día, en el otoño del año, en la madurez de la vida, con mucho viaje a la espalda, cuando le sabemos otorgar más valor a ese metal preciado, que no es un oro material sino espiritual. El oro de los alquimistas. Como recitó Proust: «los verdaderos paraísos son los paraísos perdidos. Y no figuran en los mapas, porque son estados del corazón».

Son, pues, doce flores para abrir, doce madejas con las que tejer, doce reflexiones sobre el devenir con nombre de mujer.

Sus cadencias melodiosas, quizá, tan solo quizá, nos inspiren, o nos susurren al oído algo que nos acompañará un poco más a transitar por el mundo sin sentirnos tan solos.

Figura 1. **Ariadna.** Herbert James Draper, 1905.
Colección privada

1. ARIADNA:
LA INICIACIÓN

«Yo te daré de oro un hilo,
que a las puertas has de atar,
por donde puedas tornar
siguiendo aquel mismo estilo.
Que no te podrás perder
si con él vienes siguiendo
la puerta, ya que al horrendo
monstruo acabes de vencer».

LOPE DE VEGA, EL LABERINTO DE CRETA

ARIADNA ES LA DONCELLA DEL LABERINTO. Hermanastra del Minotauro, esa criatura monstruosa medio animal medio humana, nacida de un amor imposible entre su madre, la reina Pasífae, y un toro blanco sagrado que Poseidón había hecho emerger de las aguas. El rey Minos debía haber sacrificado aquella bestia majestuosa como ofrenda para el dios del mar tal como había prometido, pero la cambió por otra, y de estas mezquindades nunca se sale indemne. A los dioses no se les puede engañar. Los olímpicos aborrecían ese tipo de insulto y sus reacciones fueron inmediatas. Minos retuvo al gran toro por codicia, y, como condena, los divinos provocaron que su reina consorte enloqueciera de amor por él. Para poder consumar esa pasión irracional, Pasífae pidió ayuda al ingenioso Dédalo, el cual fabricó una ternera de madera para ocultarse en su interior y esperar en el prado la embestida del animal por el que sentía una atracción tan irresistible como antinatural. De esa unión entre Pasífae y el toro blanco nació un ser híbrido con cabeza de toro y cuerpo de varón. Fue conocido como Minotauro o «toro de Minos», para recordar constantemente al rey su delito.

La vergüenza marcaría a la estirpe durante mucho tiempo y ese ser, único en su raza, debió ocultarse y aplacarse con carne humana, que era lo único que podía saciarle. Apresado en el laberinto, el Minotauro se alimentaba de jóvenes atenienses que eran enviados como tributo cada año. Fue la princesa Ariadna, hija de los reyes Minos y Pasífae, quien tuvo un papel fundamental para liberar al reino de ese castigo agonizante. Ella le proporcionó al príncipe ateniense Teseo el ovillo de hilo que permitiría al héroe recorrer el camino de regreso por el laberinto después de haber dado muerte al Minotauro en su interior.

En esta pieza de cerámica ática (Fig. 2), el Minotauro, representado de perfil, muestra perfectamente su naturaleza mixta: la cabeza de toro de la que sobresale un cuerno afilado, y el cuerpo humano con una larga cola que roza el suelo. En las manos sujeta unas piedras que no son armas de metal pulido, confeccionadas con técnica e ingenio, sino algo rudimentario y tosco que nos aproxima a la naturaleza salvaje del personaje presentado aquí en toda su soledad, encerrado en ese círculo perfecto, lejos de la comunidad, de las costumbres y de los quehaceres cotidianos.

Quien traiciona a los dioses propios contempla como

crece en su interior una sombra intimidadora y, para mitigarla, se requieren sacrificios. Encarcelar a la bestia oculta el origen de la traición, pero no nos libera de ella. Persiste la amenaza, agitándose en el interior para devorarnos sin piedad. En el mito debían morir periódicamente siete muchachos y siete doncellas. Alimentar a ese monstruo escondido en la oscuridad

Figura 2. **Minotauro.**
Copa ática, 515 a.C.
Museo Arqueológico Nacional, Madrid

prolonga la agonía de ese pecado no confesado, lo hace crecer en la sombra. El Minotauro es un secreto a gritos, como dijo Jaime Buhigas. Cuando traicionamos principios sagrados, muchas cosas mueren en nuestro interior: sueños, sentimientos, posibilidades. Todo se marchita mientras, como contrapartida, por frustración, nos inunda la cólera. A menudo somos también toros furibundos sueltos en las plazas de la ciudad.

Con el envío de jóvenes a Creta para ser engullidos dentro del laberinto, la polis ateniense estaba pagando un tributo muy cruel a su rival, el legendario rey Minos –que de este modo los castigaba por haber matado anteriormente a un hijo suyo–. Minos dominaba los mares desde Creta, su gran isla, tal como nos cuenta Heródoto en su *Historia*. De Minos deriva también la palabra «minoica», con la que se designa la antigua civilización cretense que vivió con él un periodo de esplendor. Descrita en *La Ilíada* como tierra de cien ciudades, la isla estaba emplazada en un punto estratégico del Mediterráneo, encrucijada clave entre el continente, al norte, y Egipto, al sur, entre Oriente y Occidente. Cuesta entender cómo el gran soberano del Egeo había osado enturbiar su relación con el temible dios del mar cuando dependía de sus favores. En una isla, todo horizonte es mar. Por sus aguas transcurrían las grandes rutas comerciales que habían hecho de su entorno un lugar floreciente famoso por la riqueza de sus mansiones. En su ceremonia de investidura, el futuro monarca debía llevar a cabo un sacrificio solemne ofreciendo un toro, animal profundamente arraigado en la cultura mediterránea. Y lo hizo pero con engaño.

La vida de Minos se halla relacionada con el toro desde sus orígenes puesto que su madre, la princesa fenicia llamada Europa –de cuyo nombre deriva el del continente–, había sido raptada por Zeus transformado en toro, que se la llevó a Creta, donde Minos y sus dos hermanos fueron concebidos. Aunque después fueran adoptados por el rey del lugar, Minos era, pues, hijo de un Olímpico y, llegada la edad, fue llamado a gobernar. En el momento de entronizarse, como ser privilegiado de su saga, Minos se situaba en la cúspide de la pirámide social, a medio camino entre los súbditos y los cielos. Le correspondía estar a la altura. No lo estuvo, porque no cumplió. Se apropió del toro que Poseidón había sacado de las aguas para ser sacrificado en su honor y sacrificó otro. ¿A qué dioses servimos? ¿Qué codicia nos confunde? ¿Qué conseguimos con las ganancias a corto plazo? ¿Qué perdemos con cada funesto error? Aunque obligara a los atenienses a pagar por su falta proporcionando carne joven para esa criatura, el monstruo seguía rugiendo en las entrañas de su lujoso palacio de Cnosos. El esplendor, a veces, esconde horrores. Minos era conocido por ser un buen legislador, no obstante, la falta cometida en un momento de flaqueza lo distorsionó todo.

El tributo de sangre se pagó hasta que una expedición encabezada por el príncipe Teseo zarpó de Atenas, obstinado en acabar con esa pesadilla. Alguien tiene que detener lo que se está desangrando silenciosamente. Un error de los padres, o de generaciones anteriores, puede constituir una herida que gotea a lo largo de los años. Mientras no esté sanada seguirá supurando. No es fácil redimir ese pecado que pesa sobre la vida de los descendientes. Ariadna, la hija del rey, será la clave para que la gesta del héroe se pueda cumplir y finalice el maleficio. Ella es inteligente y comprende que hay que hablar con Dédalo, personaje fundamental, el arquitecto del encriptado laberinto, el constructor de la vaca de madera donde se instaló la reina Pasífae para que el toro blanco la fecundara. Dédalo es el artífice, como un Leonardo da Vinci del mundo minoico, un visionario dotado de creatividad que confecciona artefactos inverosímiles con sutil destreza. La solución la tenía que dar él. Y Ariadna obtiene el hilo y le entrega el ovillo a Teseo por amor, que es como se movilizan las situaciones estancadas. Ariadna se lo da y le explica cómo proceder, pero con una única condición, que después la tome por esposa y se pueda marchar con él. Una vez transgredidas las leyes familiares no escritas, no podría permanecer entre los suyos. Gracias al hilo, los jóvenes inocentes destinados a ser alimento de la fiera tendrían la posibilidad de salir del laberinto sin equivocar el camino de retorno.

El laberinto es la imagen por excelencia de cualquier iniciación. En las sociedades primitivas, los jóvenes tienen que superar iniciaciones, esos ritos de paso para acceder a las enseñanzas esenciales de su tribu, y, para ser dignos de ellas, antes debían ser preparados, puesto que se trataba de trances duros. Simbólicamente, dentro del laberinto morirá el niño y nacerá un individuo nuevo que servirá a la comunidad en el futuro.

En la Antigüedad, los ritos iniciáticos eran indispensables tanto para el funcionamiento y cohesión de la sociedad como para el individuo. De hecho, toda existencia humana está constituida por una serie de pruebas iniciáticas, incluso aunque no las busquemos. Para crecer debes experimentarlas. Pequeñas muertes, pequeños renacimientos. Para «los no religiosos» del mundo moderno –como nos califica Eliade–, tan despojados de rituales colectivos, sin nadie que nos acompañe en los tránsitos entre edades, no hay pauta establecida. Únicamente cuando sentimos que algo vital nos falta, nos vemos empujados a salir a su encuentro. Primero, es preciso sentir intensamente esa pérdida desoladora, en forma quizá de depresión, de desasosiego, de pena honda. Da miedo atravesar el umbral que nos conduce al animal monstruoso, hijo de sangre real, la nuestra. Solemos tener tal embrollo dentro que no sabemos por dónde empezar a tirar del hilo.

La propia forma de un laberinto tiene algo hipnótico, como la mirada de una serpiente. Toda línea espiral se convierte en un laberinto tan pronto como la identificamos con un camino, afirma Karl Kerényi. Necesitamos ese tipo de símbolos para poder transitar por los atajos interiores, tan indescifrables desde nuestra mente racional. Son imágenes ancestrales que la intuición capta mucho antes que la razón. Es imposible datar el primer laberinto grabado por la mano humana sobre la superficie de una piedra. Se remonta a la prehistoria. Aunque sea un petroglifo de más de cinco mil años erosionado por el paso del tiempo –como los laberintos de Mogor, en Pontevedra–, la propia forma enroscada deja intuir que no hay laberinto sin centro. Y en ese centro hay algo importante, vital, algo a lo que hay que acceder a toda costa.

La forma de espiral la hallamos en muchas tradiciones, entre los babilonios, los egipcios, los celtas, los etruscos. Cuando en las excavaciones arqueológicas empezaron a emerger, se podía comparar la semejanza de sus formas entre pueblos distintos, incluso muy alejados unos de otros. En el caso de la civilización minoica, el laberinto estaba vinculado al mito del Minotauro. El hilo de Ariadna para salir de él ha sobrevivido como metáfora a través de los siglos. Nos da confianza para recorrer el sendero de los bosques internos. El camino a la verdad es tortuoso, ya lo decía Nietzsche. Sujetarnos a un hilo ayuda. Usamos muchas metáforas en el lenguaje corriente que corroboran esta idea: cuando un amigo te necesita, le echas un cable o tiras del hilo para seguir indagando. Un hilo para transitar por zonas difíciles puede salvarnos, sanarnos, la vida.

Una vez dentro del laberinto no existe escapatoria, solo queda avanzar por sus circunvalaciones. La danza en espiral formaba parte del ritual griego adscrito al mito de Ariadna. Plutarco explica que en la llamada «Danza de la grulla» de Delos se imitaban las vueltas del laberinto en un ritmo con alternancias y rodeos. La grulla es un ave migratoria que con la llegada del frío abandonaba la Hélade y no regresaba hasta el equinoccio de primavera. Esa ida y vuelta anual, un giro natural que los animales hacen por instinto con un sutil radar que los lleva por los aires sin equivocarse, inspiraba la forma de los bailes. *La Ilíada* nos habla también de una plaza abierta para la danza en Cnosos. En época de Homero se asociaba la isla de Creta con danzas ancestrales. Ahí, en el ritual religioso, en la vibración del músculo y en el gesto de cada individuo armonizado con el conjunto, cuerpo y alma entraban en movimiento. El grupo se movía en un círculo con las manos enlazadas por las muñecas. Las mujeres llevaban unas guirnaldas y los varones, unos puñales. No había iniciación sin danza. La música marcaba los pasos. El cuerpo hacía retumbar el suelo para alcanzar otro nivel de consciencia. Crear la atmósfera, seguir el ritmo, convocar el estado, así se buscaba la transcendencia.

Recorrer de rodillas la espiral en el pavimento de una catedral también era un ritual en la Edad Media. Algunos dicen que equivalía a peregrinar simbólicamente hasta Tierra Santa. También se deambulaba por él en momentos litúrgicos solemnes. Quizá el más conocido sea el laberinto de la catedral de Chartres porque se ha conservado en buen estado, pero había muchos más. Todavía hoy, uno no puede evitar seguir con los dedos el trayecto del laberinto cincelado en la pared del vestíbulo del Duomo de Lucca, en la Toscana. Los dedos se mueven solos. La mayoría de estos laberintos medievales eran unidireccionales, seguían un único curso, y los que estaban en el suelo permitían circular por todos sus anillos. El fiel que avanzaba de un modo ritual sobre el mosaico de un laberinto regresaba cambiado, porque en el proceso de dirigirse hacia ese atractivo centro, algo de la psique se abre por el simple hecho de haberlo experimentado. Con el símbolo bajo los pies y con nuestro cuerpo en movimiento existe una indudable evocación al cambio. Y en cada llegada a un centro se produce una pequeña salvación. Para Teseo, y para cada uno de nosotros con su centro candente.

Hay un deambular inevitable en busca de las verdades propias. El espacio tan sagrado del centro, el laberinto lo esconde a la vez que lo defiende. No puede entrar cualquiera ni de cualquier modo a ese lugar; existe un preludio, unas pruebas que superar para poder penetrar en ese misterio insondable. Entran los héroes, es decir, los que logran acceder a otro nivel, los que deciden arriesgarse y penetrar, los que resisten la travesía, los que sostienen la tensión de las contradicciones, los capaces de descifrar el enigma central. Damos rodeos azarosos en nuestra evolución personal, sin atrevernos a traspasar el umbral. Nos entretenemos, nos distraemos, nos da pereza, o, más probablemente, nos da miedo y eso nos paraliza. Nuestros pequeños héroes internos deben encontrar el camino por el que poder fortalecerse a cada paso. Dice David le Breton que caminar reduce la inmensidad del mundo a las proporciones del cuerpo. Poética forma de verlo. El laberinto paseado traza tu propia ruta. Todos hemos notado alguna vez que el curso de nuestra existencia daba un giro, del mismo modo que hemos sospechado que un ciclo se repetía. Como dedujo el poeta Wallace Stevens, «tal vez la verdad dependa de un paseo alrededor de un lago».

Al final de todas las vueltas, uno se encuentra con la fiera y, entonces, no hay más remedio que coger al toro por los cuernos. El combate entre tus fuerzas se produce en ese momento y en ese lugar. No hay escapatoria de uno mismo. Marion Woodman afirma que dentro de nosotros hay un animal herido, muerto de hambre y maltratado. Todo lo que hemos rechazado se ha depositado allí dentro y, por mucho que intentemos esconderlo, es nuestro. En la criatura «hombre-toro» se destila el amor contranatural de la reina, la deslealtad, la infidelidad, la traición del rey a los dioses, los engaños, las estafas, las bajas pasiones, la putrefacción del reino entero. Siempre se ansía tapar esas cloacas. La culpa es negra y el lado oscuro, como sostiene Connie Zweig, asume numerosos disfraces. Cada uno de nosotros tiene su propia galería de engendros que suelen aparecer en forma de pesadillas recurrentes, exigiendo nuestra atención. ¿Cómo acallar la mala conciencia que nos atormenta cuando sabemos que hemos hecho algo tremendo? Empezando por enfrentarse a la dolorosa verdad. Efectivamente, aguardando en el corazón del laberinto hay una peligrosa proximidad entre la verdad y la muerte, como bien apuntó Bologna. ¿Cómo se acaba con esa criatura que nació de una traición a los cielos y fue confinada bajo los suelos? Con la muerte, simbólica. Una muerte que traerá vida. En el centro del laberinto, todo empieza de nuevo. Cuando se alcanza el centro, la luz irrumpe desvelando aquello que estaba oculto, en la sombra. Como apuntó Thomas Moore refiriéndose al Minotauro, a pesar de ser una bestia, su nombre era Asterión, que significa «estrella».

Es curioso observar que la mayoría de fuentes clásicas no precisan cómo se mata a la fiera en el mito, porque lo importante es el camino para encontrarla y el valor para aceptarla. Ovidio habla de una maza; Apolodoro, de una lucha a puñetazos. Sea como sea de violento ese enfrentamiento en el centro, una vez derrotado el Minotauro, no se ha puesto fin a la hazaña. Hay que volver sobre nuestros pasos, deshacer el trecho que ya nunca será el mismo. El camino de ida se ha realizado desde el ímpetu, desde la acción, desde la valentía del héroe, desde lo masculino. El de vuelta tiene otro tono. Hay que des-andar, hay que re-conocer el trayecto. De ahí la relevancia del hilo femenino que permite ese regreso. Nadie puede habitar el eje del laberinto de forma permanente, es solo un tránsito.

La esperanza que nos queda para poder alcanzar esa salida es la ayuda de Ariadna, su presencia, su hilo fino, luminoso, del que uno pende en momentos duros. Ariadna en forma de amor, de amistad, de maestros, de terapeutas, de acompañantes, en forma de libro, de música, que en un momento determinado nos acompañan y nos salvan. Redes de hilos sutiles que sostienen las caídas a los abismos. Se ha visto en el símbolo del hilo la ayuda que otorga el conocimiento cosmológico, es decir, el conocer la tradición, la sabiduría perenne, para transitar por el camino a la verdad. Ariadna también ha sido entendida como nuestra alma, que trabaja en las profundidades para poder resolver lo que ahí está adoleciendo por nuestras traiciones acumuladas. En una tablilla hallada en el palacio de Cnosos se descifró un texto que rezaba: «Miel para la señora del laberinto». La miel dulce, un manjar cotizado, se destinaba en las ofrendas a los dioses. La Señora del lugar fue, probablemente, una antigua Ariadna.

Salir del laberinto es regresar a la luz. Parece que Teseo bailó con todos los supervivientes una danza circular. Es importante celebrar la salvación y la muerte a la vez. Los jóvenes regresan vivos, el «hombre-toro» ha muerto. El peligro ha cesado. Es un final aparente porque implica, sin embargo, un inicio en otro nivel y afecta a todos los personajes involucrados. Ariadna ya no será nunca más la hija inocente de los reyes: ha tomado partido. Los sacrificios humanos han terminado. Las verdades ocultas de los monarcas han emergido. Se ha producido una *kátharsis*, una limpieza, un drenaje. Los príncipes de dos linajes enfrentados, Teseo y Ariadna, han conseguido eliminar al Minotauro. La isla queda liberada del monstruo, Atenas queda dispensada del impuesto. Ahora los amantes deben partir si quieren consumar un amor recién nacido.

Los jóvenes príncipes escapan de Creta en una nave de grandes velas con destino al Ática. Pero en la primera parada, en la isla de Naxos, Teseo abandonará a Ariadna, como hizo en su momento Jasón con Medea. Ariadna quedó postrada en la playa desierta al marcharse la nave de Teseo. La historia da un vuelco brusco. «Ariadna, incapaz de dominar el delirio que embarga su pecho, no cree todavía ver lo que ve, ya que, apenas despierta de un engañoso sueño, descubre la infeliz que se halla abandonada en la desierta playa. Mientras tanto, sin acordarse de ella, el joven que huye azota el mar con los remos, abandonando sus vanas promesas a los vientos y tempestades».* Los mitos no son cuentos de hadas, no eluden lo terrible. Como en la realidad, los golpes llegan, las desgracias suceden. Los personajes míticos son a menudo tan incomprensibles como nosotros mismos. Contra pronóstico, los príncipes no fueron felices ni vivieron juntos

* Catulo, *Poesía*. 64. 54-58.

para siempre, sino que Ariadna se quedó sola en una isla desconocida.

El arte nos ha perpetuado la imagen de dama abandonada a su suerte y las Ariadnas de los museos suelen representar el momento en que se despierta sobre la arena y se da cuenta de lo sucedido. El artista inglés Herbert J. Draper (Fig. 1) pintó una Ariadna sola y aislada encima de una roca rodeada de mar, con un gesto muy teatral, de rodillas. Con el pelo al viento y los ojos cerrados, traicionada.

Es importante constatar que pocos artistas han mostrado a Ariadna como portadora del hilo. Así nos la muestra en este cuadro la pintora suiza Angelica Kauffmann (Fig. 3), la mujer artista más relevante de su época, que cultivó con profusión el repertorio mitológico. Aquí congela en el cuadro el instante en que la princesa cretense, vestida de blanco –todavía es una doncella virgen–, le entrega el ovillo de hilo rojo al héroe que, con los brazos abiertos, está atento a las explicaciones sobre su uso. Kauffmann sitúa a los dos personajes en un lugar de paso, como si lo estuvieran haciendo a escondidas, al final de la escalera de algún palacio, y en primer término aparecen reposando en el suelo las armas del héroe, entre ellas una visible maza, siguiendo la versión de Ovidio.

Mucho menos aún se ha recreado a la protagonista dialogando con Dédalo para hallar la solución, ese punto de la narración en que ella, muchacha inteligente, acude al arquitecto para apelar a su saber, a su *téchne*, ese arte o habilidad manual, esa pericia o destreza que tenía Dédalo y que venía otorgada por dioses muy particulares –Hefesto, artesano divino, o la sabia Atenea, ambos inspiradores y maestros de ar-

Figura 3. **Ariadna entrega el hilo a Teseo.**
Angelica Kauffmann, c. 1770-1780
Colección privada

tes–. Ese oficio era fundamental en ocasiones como esta para organizar la escapatoria de una construcción creada con la función de encerrar. Únicamente mediante la *téchne* era posible transformar lo natural en artificial, dar vida a una vaca de madera, diseñar un antro inexpugnable. Y Ariadna lo sabía. No obstante, no hay rastro visual de esa visión tan lúcida, se la ha retratado hasta la saciedad en la derrota, sola y hundida.

«El espesor de la arena retarda mis pies de muchacha. Entre tanto, al gritar por toda la costa "¡Teseo!", devolvían las cóncavas rocas tu nombre. Y cuantas veces te llamaba yo, tantas veces te llamaba el lugar mismo», escribió Ovidio.* Esa escena también ha inspirado composiciones musicales, como la célebre ópera de Richard Strauss *Ariadne auf Naxos*, o el madrigal de Monteverdi *El lamento de Ariadna*. Sin embargo, es injusto recordar solo esta parte y olvidar su buen hacer. Después de haberse comprometido con la hazaña, después de traicionar a su linaje, de aportar el hilo mágico, de desafiar las órdenes, Teseo desaparece a la vuelta de la esquina.

El gran héroe ateniense prosiguió en solitario su navegación. Algunos dicen que por orden de los dioses, otros, porque le parecía deshonroso llevar a la princesa a Atenas, también por simple ingratitud o mera crueldad. Se fue. Pero se olvidó de otra promesa importante que le había hecho a su padre: llegar con las velas blancas si había logrado la victoria. La juventud tiene tendencia a olvidarse de los demás para seguir su propio camino. El rey Egeo quedó desolado cuando divisó a lo lejos la embarcación de su hijo con las mismas velas oscuras con las que partió. Interpretó que la expedición había fracasado y los jóvenes de Atenas habían perecido una vez más atrapados en el antro del Minotauro.

* Ovidio, *Heroidas*, 10. 20-23.

Del disgusto se arrojó al mar desde un acantilado, y ese mar, antiguo y salado, llevará desde entonces su nombre. Cuando Teseo desembarque, esta será la dolorosa primera noticia que reciba. El precio del olvido imperdonable.

La historia de Ariadna, de todos modos, no acaba aquí. El abandono de ese amor juvenil es un episodio. En los primeros amores hay puestas muchas esperanzas y grandilocuentes promesas, no ya solo de futuro, de eternidad. Los amantes parece que se van a comer el mundo. Y entonces, ante un cese abrupto, la sensación de final da vértigo. Una gran hoguera, encendida con tanta pasión, se deshace. Hay muchas historias de amor fulminadas por traiciones inesperadas. Sin embargo, en el caso de Ariadna, a diferencia de otras figuras femeninas de la mitología –como Medea o Dido–, no habrá tiempo para lamentos ni venganzas ni tragedias. Como escribió Salvador Espriu: «Ran de la costa, Dionís recollia el destí d'Ariadna» (Junto a la costa, Dionisos recogía el destino de Ariadna). Todo cambiará rápidamente. Su destino era casarse con alguien superior a un héroe, con un inmortal: Dioniso. Es el dios de la vid y el vino, el que desata la lengua, afloja los músculos y permite salir de las armaduras internas. Es el dios más sensible con todo lo femenino. Y, como afirma Sarah Pomeroy, la única excepción divina en la explotación y dominación de las mujeres. Aparecerá enseguida en la vida de Ariadna, la rescatará, la liberará del dolor. Le será fiel, la elevará, le dará categoría divina y constelación propia: la *corona borealis*, un pequeño medio arco de puntos luminosos suspendido en el atlas del cielo nocturno.

Esta unión entre un dios como Dioniso y una mortal elevada a diosa ha sido calificada por muchos estudiosos de

Figura 4. **Baco y Ariadna.** Tiziano, 1520-1523.
National Gallery, Londres

«matrimonio sagrado» (*hieros gamos*). Sagrado en la medida
en que es más que simple placer humano, se trata de bodas
espirituales, algo muy propio de las religiones de la Antigüedad y muy alejado de nuestras sociedades actuales. Las
artes nos ayudan a comprenderlo a través de las imágenes,
puesto que el encuentro entre Dioniso y Ariadna tiene siempre un tono de festividad y alegría. Lo pintó Tiziano (Fig. 4)
con unas tonalidades azules magistrales. Un lienzo con muchos personajes en que despliega con dinamismo la alegre

irrupción del desenfadado séquito de Dioniso en la vida de Ariadna. Ella está girada en una forzada torsión, puesto que todavía estaba mirando en dirección al mar, donde se divisa la embarcación de Teseo alejada en el horizonte. La llegada del dios del vino lo transformará todo inmediatamente. Cubierto por una gran tela rosa hinchada por el viento, Dioniso, con hojas de hiedra en el pelo, está saltando del carro dorado tirado por panteras para acercarse a Ariadna. En la parte más alta cielo se aprecian las estrellas en forma de circunferencia, haciendo alusión al *catasterismo* que da origen mitológico a la corona boreal. La paleta cromática de todo el conjunto es intensa y vigorosa. El ambiente es jovial. La unión de Dioniso (Baco) y Ariadna es una boda feliz y celebrada, como debe ser la boda con uno mismo.

Figura 1. **Sacerdotisa de Baco.** John Collier, 1885-1889
Colección privada

2. LAS MÉNADES: LA LIBERACIÓN

«… en los montes sombríos andan sueltas,
honrando a un nuevo dios, Dioniso,
o como quieran llamarle, con sus coros,
y que hay cántaros llenos en medio de
los tiasos y que van a ocultarse cada cual
por un sitio solitario en que puedan
acostarse con hombres pretextando
que Ménades son y sacerdotisas…».

EURÍPIDES, LAS BACANTES, 218-224

«… mancebo, retoño de Zeus, muéstrate,
Señor, juntamente con las Ménades
de tu séquito, que posesas de delirio
la noche entera danzan en honor
de Yaco el dispensador de venturas».

SÓFOCLES, ANTÍGONA, 1149-1452

LAS MÉNADES ERAN SEGUIDORAS de Dioniso, el dios de la embriaguez, de una «embriaguez divina», como diría Walter Otto. Formaban parte de su nutrido séquito junto con sátiros libidinosos y silenos desinhibidos. Se dejaban llevar por la música, la danza y los efluvios embriagadores hasta que alcanzaban el éxtasis, como en un rapto de locura, un tipo de locura que los griegos denominaban *manía*. Las Ménades son, literalmente, «mujeres poseídas» que se reunían en grupos por la montaña de noche para celebrar los «misterios» de su dios. Su trance se debe a los efectos de la música y la danza extática, más que a los de la borrachera o el sexo descontrolado, como se ha querido interpretar. Por eso se las representa bailando. En arte se las distingue porque bailan, en movimientos acentuados, con el pelo suelto y el torso marcadamente hacia atrás o hacia delante, en un gesto tenso, exagerado. La comunión dionisíaca con el mundo natural puede ser violenta. Se produce en la oscuridad del bosque. Durante el baile frenético, cuerpo y mente se balancean en trance. Si consideramos que el cuerpo humano es el lugar donde lo divino desea habitar, como dijo Thea Schuster, Dioniso se manifiesta en ese delirio. Bajo las estrellas, el hombre reencuentra su estado original de criatura arrojada en un universo infinito en incesante movimiento, escribió Le Breton. Al traspasar ciertos límites liberamos algo de nuestros bloqueos y nuestra rigidez corporal, y danzamos con el cosmos. Probablemente, todos somos capaces de recordar en qué fiesta, en qué baile, en qué boda, bailamos hasta la extenuación y perdimos el mundo de vista.

Las Ménades del mito son mujeres jóvenes, en la plenitud de la vida, vestidas con ligeras ropas que al moverse con soltura insinúan sus formas ofreciendo un atisbo del misterioso cuerpo femenino. En una fiesta de tintes sagrados, los velos se rasgan y dejan entrever más allá. Sus abundantes cabelleras alborotadas se adornan con coronas de hiedra, como el propio Dioniso. Sujetan con fuerza el tirso, una estaca rematada con una piña de pino, que simboliza la sabia nueva, regeneradora de vida. Cuando lo clavan en el suelo, brotan vinos y mieles. Nos sitúan ante la naturaleza desbordante, incontrolable y abrumadora. Se cubren con pieles de tigre, adoptando por analogía esa fiereza felina, como nos la representa John Collier (Fig. 1), empoderada, desafiante, con la cabeza cubierta de hiedra verde y un alto tirso, como un cetro con savia de árbol, en pleno paraje natural, con rocas y árboles tras su figura.

El *tíasos* o séquito dionisíaco es un tumulto atronador que barre la tierra a su paso. El ruido de las bramaderas que sopla el cortejo resuena con estruendo entre la espesura del follaje nocturno. Sus danzas entre árboles se acompañaban de música con sonidos mezclados de flautas, tamboriles, tímpanos, címbalos. Los instrumentos de percusión estaban asociados al culto extático. Anuncian la llegada del cortejo vibrando entre sombras. Las Ménades avanzan rodeadas de panteras, linces, serpientes, lobos y leones, las fuerzas más salvajes de la naturaleza que se concentran personificando a los espíritus orgiásticos. Lo humano y lo animal conviviendo, como en nuestro interior. Utilizamos en el lenguaje cotidiano expresiones como tener hambre de lobo, defender como una leona, actuar como un lince, escabullirse como una serpiente.

Dioniso es el dios de las mujeres. Está rodeado de ellas desde su más tierna infancia. Lo criaron en el monte unas ninfas, esos espíritus de la naturaleza que se hallaban por todos los rincones. Los bosques, la campiña y los cursos de agua eran la morada de las ninfas. Las melíades en los fresnos, las náyades en las fuentes, las alseides en las florestas, las nereidas de los mares. Dioniso se rodea de ese mundo femenino húmedo, grácil y volátil; incluso de niño, para ser camuflado, lo vistieron como una niña. Su aspecto puede llegar a ser muy ambivalente. Se le ha representado viril y barbudo, pero también andrógino, como lo pintó Caravaggio, incluso travestido. Su leyenda cuenta que había estado en tierras asiáticas y que había llegado hasta la India, de donde retorna triunfal con ese cortejo surtido de animales exóticos y plantas exuberantes. A menudo aparece subido a un carro dorado tirado por panteras y adornado de pámpanos. Él es también el dios de la vegetación junto con Deméter, la madre de los cereales. Pan y vino, tan elemental, tan nuestro.

Al estar conectado con los ciclos naturales, es un dios relacionado con la muerte y el renacimiento, esa perpetua alternancia. Danzar con ese ritmo natural inexorable nos hace fluir, mientras que contravenirlo nos bloquea. Debemos hacer caso de nuestras inspiraciones repentinas, de lo que emerge de forma espontánea, como se abren las flores. Del mismo modo que necesitamos dejar caer lo que se marchita sin aferrarnos a ello innecesariamente, como el follaje barrido por el viento. El estallido primaveral está en los brotes de los árboles, en nuestra piel y en nuestras alegrías. El lento fenecer del otoño se observa en las alfombras de hojas secas, en nuestro pelo decaído y en nuestras melancolías. Hay que acompasarse con las pautas naturales y las del alma. Hay un tiempo para la siembra y un tiempo para la cosecha. Plantamos semillas que a veces tardan en dar su fruto, pero el proceso no se puede acelerar. La tierra húmeda de Dioniso hará su trabajo. No es solo el dios de la vid, es el dios de las cosechas y todos sus frutos, de plantas que se expanden primorosas, como la higuera o la hiedra. Entre sus elixires había

vinos, mieles y leches, placeres suculentos, abundantes, luju-
riosos. La miel es siempre símbolo de dulzura, alimento de
dioses. El pequeño Zeus era alimentado con aguamiel en la
isla de Creta. La tierra de Canaán es «un hermoso y extenso
país que mana leche y miel», nos describe el *Éxodo*. La tierra
prometida y sus dulzuras.

A Dioniso se le rendía culto en el exterior, formaba parte
de su esencia. En términos generales, no se le asocia a un
templo; él está cuando llega. En el mundo griego, los templos eran exclusivamente la morada de los dioses, no eran
edificios para la congregación de los fieles tal como lo entendemos desde otras religiones. Los altares donde se realizaban
las ceremonias y los sacrificios rituales estaban fuera, al aire
libre. En el templo, únicamente se alojaba la figura de la
divinidad, que simbolizaba a la divinidad misma, que residía
allí, en ese lugar. El carácter sagrado lo confería el lugar. Esas
«viviendas de lo divino», como las denomina Walter Otto,
se erigían en montañas sacras, en zonas elevadas o cerca de
fuentes, ríos o grutas; allí donde se percibía un contacto con
lo sobrenatural. Se conocía el templo de Zeus en Olimpia,
cercano al río Alfeo, el de Apolo en Delfos, en las faldas del
monte Parnaso, el de Atenea en Atenas, sobre la roca de la
Acrópolis (*acró-polis* significa «ciudad elevada»), el de Poseidón en Sunion, encima de un acantilado sobre el mar, Ártemis en Efeso, Hera en Argos… Sin embargo, Dioniso, aunque tuviera templos dedicados a él, es un Dios que se mueve.

Es un dios que siempre llega, pero no permanece. Su viaje
es continuo; su paso, temporal, acotado e intenso, incluso
inquietante. Escribió Hölderlin que con su sagrado vino llegó «despertando del sueño a los pueblos», porque cuando

irrumpe se acaba la vida apacible. El orden cotidiano revienta. Su paso acarrea subversión. En algún momento hay que soltarse, desmelenarse, ponerlo todo patas arriba; es cuando llega Dioniso, el dios de los desfogues. La gran peculiaridad de ese enigmático dios que siempre estaba llegando era que reinaba sobre una parte de la condición humana difícil de explorar: lo irracional. Las Ménades en su éxtasis se abrían al inconsciente. Las mujeres del mito sirvieron de modelo a las mujeres reales, y así las encontramos en la tragedia griega. Precisamente en el teatro, Dioniso tiene su verdadero templo, un gran altar al aire libre. Muchas corporaciones femeninas rindieron culto a Dioniso. Sus cofradías tenían nombres como Devoradores, Dionisiades, Leucípides, Dismaneias… Ménades todas que muy pronto se asociaron a las Bacantes. El término «bacante» sirvió en un principio para designar a las sacerdotisas de Dioniso, pero más tarde se aplicó a la mujer libertina y lúbrica.

La conocida tragedia *Las Bacantes* de Eurípides nos ha dejado la descripción más elaborada de este tipo de comportamiento ritual. Baco es el otro nombre de Dioniso. Los bacos y las bacantes, *bachhoi* y *bacchai*, eran sus devotos. Eurípides relata cómo, excitadas por el furor del dios, sus acólitas abandonan el telar y se adentran en el bosque. Penetran en la naturaleza al mismo ritmo que en la locura, y en ese estado de enajenación, lanzan el grito sagrado «Evohé». Penteo, el rey de Tebas, que pretendía prohibir ese culto tan libertino, las observa desde lo alto de un pino, hasta que ellas, plenamente poseídas, lo acaban descuartizando cuando se cae de él. Esta es la escena representada en uno de los frescos conservados de Pompeya (Fig. 2). Penteo, medio arrodillado

Figura 2. **Penteo desgarrado por las Ménades.** Fresco romano.
Casa dei Vettii, *siglo i. Pompeya*

en el suelo, es atacado por las Bacantes en pleno estado de trance. Las mujeres que participan en su desmembramiento son de su familia, su tía Ino y su propia madre, Ágave. Tal es el estado de enajenación a la que los ritos la someten, que no reconoce ni a su propio hijo.

No hay que menospreciar las fuerzas dionisíacas. Lo que ocurre a partir del desenfreno báquico no entra en los parámetros de lo razonable ni de lo lógico. Como ocurre en los sueños, donde pueden acontecer escenas desenfrenadas. En el mundo onírico, la violencia reprimida se desata sin censura y los asesinatos simbólicos son fundamentales para nuestro equilibrio. El desenfreno báquico lleva al límite para que estalle todo lo que hay que liberar. Un rey que no permite este tipo de emancipaciones, tan necesarias, acaba engullido por ellas, ejecutado por la mano de su propia madre. ¿Cómo se puede pretender que una ciudad viva sin ningún tipo de desfogue? Mantener el orden bajo imposición acaba matando el alma de cualquier comunidad. Eso es lo que intentan las dictaduras: controlarlo todo, prohibir la música, vestir de uniforme. Los que no transigen y no comprenden la ambivalencia de las almas saldrán volando en la siguiente erupción. Se necesitan noches de locura, y más para las mujeres cautivas en hogares y sin opciones para manejar asuntos propios.

Cualquier forma de rito es una sana liberación, una conexión con partes más profundas y desatendidas. Se requiere abrir compuertas para que salga la vitalidad contenida por las normas, rutinas y prescripciones. Nocturnidad y alevosía para contrarrestar la rigidez de lo diurno. La noche nos enfrenta con lo asombroso, con lo fabuloso. En las *Bacantes* de Eurípides es el propio Dioniso quien afirma que la oscuridad tiene algo de sagrado. Aquello que mantenemos escondido a la luz del día suele corresponderse con lo que nos ocultamos a nosotros mismos. Lo que Dioniso despertaba en sus seguidoras era una parte divina reprimida, una parte que todos tenemos cargada de energía psíquica que puja por salir.

Los ritos dionisíacos formaban parte del mundo de los llamados «misterios», que eran distintos a la religión oficial.

Los participantes, o *mistes*, debían iniciarse en ellos. Dice María Zambrano que «el claro del bosque es un centro en el que no siempre es posible entrar». Hay que aprender, hay un proceso. En la Antigüedad existían misterios relacionados con varias divinidades. Quizá los más conocidos son los de Eleusis, porque se conservan restos del santuario, a pocos kilómetros de Atenas, hacia donde iban en procesión los iniciados. Se celebraron durante muchos siglos y estaban dedicados a Deméter y Perséfone.

Los que querían ser introducidos en los misterios lo hacían voluntariamente y no podían desvelar lo que sucedía durante el proceso de iniciación. No eran rituales clandestinos, puesto que se conocía su existencia, pero sí secretos, ya que los profanos no podían acceder. Dioniso es un dios mistérico por definición. Los misterios, de carácter privado y oculto, donde participaban únicamente aquellos que habían superado un rito de paso, convivieron con festividades oficiales que se fueron instituyendo. La extravagancia de los cultos báquicos con las mujeres enloquecidas en el bosque se fue trasladando a la polis. La ciudad se convertía en un espacio para las fiestas en honor a Dioniso. Se celebraban en distintos momentos del año y distintas zonas geográficas.

En la Atenas clásica tenían lugar muchas celebraciones religiosas en honor de Dioniso. Las Dionisias eran unas fiestas orgiásticas que se celebraban en temporada de invierno. Las Pequeñas Dionisias y las Grandes Dionisias eran muy célebres ya que en ellas se celebraban los concursos de *dithýrambos* (ditirambos), una composición lírica que originariamente eran cantos rituales en honor al dios y después derivaron en representaciones dramáticas. En las Dionisias había borracheras, danzas violentas, omofagia (la ingestión de carne cruda del sacrificio) y el desmembramiento ritual de un animal. Tucídides considera las Dionisias más antiguas las *Antesterias* (*ánthos* significa «flor») que tenían lugar a inicios de primavera, con el estallido de los campos. Durante tres días se celebraban las fiestas de las flores, que era como la fiesta de las almas.

Existían también las Dionisias agrarias, una de las fiestas más importantes en el ámbito rural. Consistían en una procesión fálica que terminaba en sacrificios de animales, algo muy habitual en las ceremonias religiosas, sangre caliente de mamíferos derramada como ofrenda. Rojo líquido tiñendo los altares, como el vino simbolizando la sangre en la misa cristiana, en recuerdo del «cordero de Dios» que era el animal que antes se sacrificaba. Jesucristo recoge muchos rasgos del mito de Dioniso, nacido de una virgen, muerto y resucitado, como Osiris, herederos todos ellos de los antiguos dioses de la vegetación. Son fiestas de invierno, porque el campo está muerto hasta que resucite en los brotes de marzo.

Este tipo de festividades eran una de las pocas vías de escape para las mujeres que vivían confinadas en sus cámaras privadas. Participar en ellas era una auténtica liberación, para sus cuerpos y sus almas, y por extensión para el hogar, y para la polis. No hay descanso sin desenfreno, ni calma sin temporal, ni sociedad sin fisuras. En el tiempo de la fiesta estallan toda cordura y mesura, y se entra en territorio ignoto donde puede ocurrir lo inimaginable. Bosque frente a ciudad, noche frente a día, caos frente a orden, lo dionisíaco frente a lo apolíneo. Las polaridades deben conciliarse de algún modo. Es mejor que suceda en el rito sagrado de una fiesta, durante un momento concreto del calendario cíclico, bajo el auspicio de un dios. Mito y rito se entrelazan. Si ese potencial irracional no puede fluir de forma saludable, irrumpirá con furia volcánica causando estragos. Es mejor no negar esas pulsiones y que puedan emerger regularmente, de forma ritualizada, danzando desnudas de noche, jugando a ser otro, eludiendo en una pausa las leyes no escritas, las personales y las colectivas, las religiosas y las ciudadanas.

Toda la Antigüedad había festejado a Dioniso, puesto que era el «dispensador de mucha alegría», tal como aparece citado en *La Ilíada*. El dios de la vid era de los más venerados. Su religión tuvo un carácter muy popular. El dionisismo estaba al alcance de todos, incluyendo a aquellas gentes de los márgenes, los que no eran ciudadanos de pleno derecho: extranjeros, esclavos, niños, pero, principalmente, las mujeres, sin voz ni voto en la vida pública. La experiencia de lo dionisíaco nunca era solitaria, sino colectiva: generaba vínculo, propiciaba mezcla, facilitaba mestizajes. Los efectos embriagadores se contagian fácilmente. El ambiente se encendía y el espíritu festivo se propagaba. Se saciaban otro tipo de necesidades espirituales en ese encuentro con la naturaleza salvaje a cielo abierto. La embriaguez como cambio en la consciencia se interpreta como la irrupción de algo divino, explica Burkert. Rendirse a un dios como Dioniso significa quitarse corazas, salir del personaje, desmontar falsas construcciones. De sus procesiones fálicas se originará la comedia. Él es el dios de la máscara y del ditirambo, de sus fiestas surgirán el teatro o los carnavales, todo aquello que te permite salir de ti, experimentar, arriesgar y transgredir.

Su veneración por parte de las mujeres también es una característica muy remarcable en una sociedad y en un sistema religioso tan patriarcal como el griego. Dioniso es el único que no participa de los abusos que mortales e inmortales ejercían sobre las doncellas. Conocemos tantos raptos, tantas persecuciones, tantas tiranías en la mitología clásica. Hades rapta a Perséfone, Apolo persigue a Dafne, Neso intenta violar a Deyanira, Acrisio encierra a Dánae… La lista sería infinita, por no hablar del padre de todos los dioses, Zeus, que se transforma en lo que sea necesario para alcanzar a una doncella. Dioniso es un bálsamo y los raptos a los que se someten sus seguidoras son voluntarios y embriagadores, de ahí el éxito de sus ritos entre la población femenina. En los *Himnos homéricos* se le llama «el dios que enloquece a las mujeres». Las mujeres lo esperan, lo veneran; las despierta de su existencia limitada y recluida.

Dioniso como personaje mítico siempre está rodeado de madres, hermanas o esposas, que abandonan todas sus tareas para acudir a su llamada. Nunca se observará a Dioniso en el acto sexual con los miembros de su cohorte, aunque la desinhibición sexual forme parte de sus fiestas. En su mito, su esposa y su madre fueron debidamente honradas; divinizó a la princesa cretense Ariadna, con la que se había casado, y rescató a su madre Sémele del inframundo para llevarla al Olimpo, imagen que nos trae ecos de la coronación de la virgen María como reina de los cielos.

La madre de Dioniso era la princesa tebana Sémele que, seducida por Zeus, concibió a un niño divino. Es la única mujer mortal que engendra a un dios y no a un héroe. Engañada por las malas artes de Hera, la celosa esposa de Zeus, Sémele pidió a su amante, soberano del Olimpo, que se mostrase en todo su esplendor. Pero la intensidad del dios del rayo es demasiado potente para recibirla. Sémele quedó calcinada. Zeus recuperó el feto en gestación del interior de su seno y se lo cosió al muslo. El divino Dioniso nacería directamente del cuerpo del padre. Por eso se le llama también «el nacido dos veces». Un nacimiento extraordinario y simbólico. Si Atenea, que surgió de la cabeza de Zeus, era una diosa muy racional; Dioniso, nacido del muslo, es un dios muy sensual. Sus seguidoras, las Ménades míticas o las ciudadanas de la Hélade, se impregnan de esa sensualidad, de esa delicia, de esa esencia. En el mito se cuenta que Hera, enfurecida por su existencia, seguirá persiguiéndolo y lo hará enloquecer. De ahí sus largos viajes hacia Asia, donde la diosa frigia Cibeles lo purificará iniciando los ritos de su culto. Cuando de adulto desciende al Hades para liberar a su difunta madre que había sido fulminada por el resplandor de Zeus, sobornará a Perséfone, la señora del inframundo, regalándole mirto, un arbusto de flores blancas que simbolizan la inmortalidad. De ahí la costumbre de los iniciados en los misterios dionisíacos de coronarse la frente con mirto, porque ese matojo tenía un significado. El mirto también estaba consagrado a Afrodita, diosa del amor, y se utilizaba asimismo en los esponsales. Amor y muerte, un poético vínculo. El mirto se da en regiones cálidas, en tota la cuenca del Mediterráneo, del mismo modo que la vid.

A diferencia de latitudes más septentrionales donde ha predominado la cerveza, el vino ha sido un alimento primordial en la gastronomía y en la cultura del sur de Europa. Los viñedos se fueron extendiendo paulatinamente por la

Hélade. Según Robert Graves, los griegos en principio lo importaron en cántaros desde Creta, donde a su vez había llegado desde Asia Menor y Palestina. Con el vino se inicia el camino a lo dionisíaco. Sus efectos nos bajan las defensas y contribuyen a que la identidad empiece a disolverse. Era un elixir apreciado y presente en la vida cotidiana. En los banquetes, como el que nos describe Platón, los comensales se reunían principalmente para beber; ese es el propio significado de la palabra *sympósion*, «bebida en común». Los griegos solían mezclar el vino con agua para rebajarlo. No hacerlo se consideraba de gente poco civilizada.

La decoración de los recipientes de cerámica que se usaban para beberlo nos ha dejado muchos ejemplos de estos cortejos dionisíacos representados con increíble audacia. Los pintores se inspiraban en lo que presenciaban a su alrededor, escenas de banquete y asuntos eróticos, a veces, dibujados con todo lujo de detalles. Muchos vasos y copas griegas en las vitrinas de los museos arqueológicos están repletos de Ménades danzantes. Así la apreciamos en el tondo ático (Fig. 3), donde la figura está en movimiento –como nos indican las tiras rizadas de su pelo suspendidas en horizontal– y sujeta una pantera por una pata, como una dama de las fieras. Esa asimilación de lo salvaje se aprecia asimismo en los detalles de la indumentaria, puesto que las garras del felino también cuelgan en la capa moteada que la cubre, y una especie de serpiente erguida asoma en la frente coronando la cinta que le sujeta el pelo. Ella misma es la personificación de la naturaleza viva que pugna por crecer. La acompañan los animales y las plantas, sobresaliendo de ese tirso frondoso que porta en su danza. También serán muy habituales en las decoraciones de estos recipientes los sátiros lascivos acarreando falos. Falos como símbolo de la simiente que brota de forma natural en un estallido que no puede contenerse, como no se puede contener el caudal de un río, ni el de una emoción poderosa. En las primeras representaciones artísticas aparecen las Ménades en brazos de sátiros, pero, a partir del siglo v a.C., se

Figura 3. **Ménade furiosa.**
Pintor de Brygos.
Tondo ático, s. v a.C.
*Staatliche Antikensammlungen
(Colecciones estatales de antigüedades),
Múnich*

produce una modificación radical y los rechazan. Los sátiros las sorprenden cuando están dormidas.

En todas las culturas ha habido algún tipo de ritual que induce a rozar el delirio. Configuran un paréntesis necesario del ritmo cotidiano que predispone a entrar en otro plano, sin normas, sin límites. Los romanos celebraban en diciembre las saturnales, que se abrían con un solemne sacrificio en el templo de Saturno seguido de un gran banquete público al que cualquiera podía asistir. Durante unos días se paraba la actividad oficial en los tribunales, en el Senado, y se cerraban las escuelas y las tiendas. Toda la ciudad era una fiesta. Se perdía la formalidad incluso en la indumentaria puesto que, en lugar de la convencional toga, utilizaban trajes de fiesta y se cubrían con unos gorros especiales. Las calles estaban llenas a rebosar. Marcial explica que la gente incluso podía jugar sin temor a ser reprendida por ello. Hasta los esclavos gozaban de privilegios de ciudadano en ese paréntesis, y eran servidos por sus amos. Se invertían los términos, se podía ser otro.

También en el Antiguo Testamento encontramos la descripción de la fiesta de las tiendas que se celebraba durante siete días. En el *Levítico* se indica que se «deben celebrar con hijos e hijas, esclavos y esclavas, emigrantes, huérfanos y las viudas que viven en tu ciudad». Una tradición que procede de la fiesta cananea de los tabernáculos, en la cual se celebraba la cosecha y que, según Graves, se asemejaba a una bacanal. La Europa celta tenía grandes fiestas de fuego. En zonas de frío y lluvias, el fuego era la calidez, el sol en la tierra. Podía dar vida y destruirla, podía purificar. Las cenizas fertilizarían los campos. Se celebraba Beltane en mayo, Lugnasad en agosto y Samhain en noviembre, el final del año celta, de donde derivará la noche de todos los santos. Cuenta Miranda J. Green que se hacía rodar una rueda de madera en llamas de una colina hasta un río. Si llegaba al agua sin apagarse, auguraba una buena cosecha de vino. En los ritos paganos se invocaba siempre la fertilidad y la abundancia.

Walter Otto afirmaba que el culto es una de las grandes lenguas donde la humanidad apela a lo excelso y que, lamentablemente, nuestra forma de pensar actual, fragmentaria y mecanicista, nada sabe ya de semejantes ámbitos del Ser y sus necesidades. Cuando estamos convocados a la ceremonia de un día sagrado, a un ritual que sucederá únicamente en ese momento y en ese lugar, abandonamos las preocupaciones ordinarias para disponernos a un juego, a una transformación. Con una máscara, un disfraz, un atuendo único, un trayecto que aleja, una música que enarbola el espíritu, se empiezan a movilizar las energías psíquicas. Se engalana la comunidad y todo el entorno para propiciarlo. Debe crearse una atmósfera para que podamos cambiar de registro. Aquí es donde no tienen cabida aquellos que Campbell denomina «aguafiestas», aquellos que no quieren entrar en el juego. Los que se resisten a una fiesta dionisíaca son aquellos que no están dispuestos a romper ningún canon, los que no soportan perder el control, los que nunca se pondrían un sombrero rojo, ni enseñarían un muslo, los que no quieren dejar de analizar y persisten en ser razonables permanentemente. Legisladores, positivistas, aristotélicos o simplistas. Para entrar en las brumas de la otra orilla hay que predisponer cuerpo y mente. Mantener el hechizo. De ahí los llamados misterios. No puedes llegar y romper la magia. No puedes profanar lo sagrado con tu torpeza. No puedes traicionar el pacto y desvelar el misterio. Los que participan en las festividades mistéricas quieren ir más allá, ser alcanzados por otro estado del ser, dejar caer las armaduras. Es un tipo de salvación en la que se accede a una pequeña edad de oro de forma fugaz, con vinos y mieles, para olvidarse del mundo y de uno mismo por un lapso de tiempo. Se trastocan las coordenadas momentáneamente, la mujer es libre, las imposiciones no existen, el personaje social se difumina, el ego se adormece y se toca el alma, aunque sea desde su lado oscuro, y así es como se nutre. «Take a walk on the wild side», cantaba Lou Reed; date un paseo por el lado salvaje, es una buena recomendación.

¿Dónde se ha colocado lo dionisíaco en nuestra sociedad? Nos quedan rastros en los carnavales, que se celebran antes de la Cuaresma para poder encarar la austeridad hasta Semana Santa. Nosotros hemos heredado de la tradición judeocristiana mucha contención, y mucha tendencia a acercarse a la luz obviando la oscuridad, cuando forma parte inherente de la condición humana. Quedan rastros báquicos en las fiestas populares que celebramos al aire libre, relacionadas en general con los calendarios agrícolas. Tenemos sensación de catarsis en las buenas obras de teatro, o en cualquiera de esos espectáculos que nos llegan, nos tocan, nos socavan o nos enmudecen; en conciertos multitudinarios o en concentraciones que aclaman con sensación de libertad. Rituales profanos hay muchos. Lo dionisíaco se filtra en los gritos de los campos de fútbol, en las abarrotadas pistas de baile de las discotecas, en los banquetes opulentos con muchos comensales, en los botellones de las plazas públicas, en las compras compulsivas de los grandes almacenes. Consumimos con avidez comida, bebida, experiencias, porque la pulsión sigue existiendo. La pregunta es si, en ese consumo, a vueltas desaforado y hasta cierto punto adictivo, hay algún tipo de trascendencia. Si nos renueva o nos vacía; si siembra o nos deja el campo más desolado.

Cómo recuperar el contacto espiritual que hemos perdido desde hace tanto tiempo «en los desiertos del racionalismo materialista», como decía Woodman. Cuando se reprime a Dioniso, este se convierte en un agitador furibundo que nos destruye. Deberíamos hallar la forma de honrar al «dios que conlleva placer» de otro modo, para reconectar con el fluir de la vitalidad encerrada, el vino en sangre. Apuntaba Karl Kerenyi que «los cultos de todos los pueblos solo pueden entenderse como reacción humana ante lo divino». Como comunidad humana, deberíamos reaccionar.

Figura 1. **Pandora.** Thomas Kennington, 1908.
Colección privada

3. PANDORA: LOS MALES OCULTOS

«En efecto, antes vivían sobre la tierra
las tribus de hombres libres de males
y exentas de la dura fatiga y las penosas
enfermedades que acarrean la muerte
a los hombres. Pero aquella mujer,
al quitar con sus manos la enorme tapa de una jarra,
los dejó diseminarse y procuró
a los hombres lamentables inquietudes».

HESÍODO, TRABAJOS Y DÍAS, 90-96

EN EL LENGUAJE COLOQUIAL conservamos todavía la expresión «abrir la caja de Pandora», que significa abrir la caja de los truenos, es decir, destapar sin querer –o queriendo– algo que puede acarrear terribles consecuencias. El historiador del arte Erwin Panofsky* se preguntaba por qué se hizo famosa Pandora gracias a un atributo que ni era una caja ni era suyo.

Para los griegos, Pandora es una mujer de los orígenes, como lo es Eva en la Biblia, o la legendaria Lilith en la tradición judía, la primera pareja de Adán, que se negó a copular

---

* Panofsky, Dora y Erwin. *La caja de Pandora. Aspectos cambiantes de un símbolo mítico.* Barcelona: Barral Editores, 1975, p. 15.

debajo de su marido. Pandora fue una grácil criatura creada por orden de Zeus, Señor del Olimpo, y dotada de las mejores cualidades estéticas. Muchas divinidades intervinieron en su esmerada confección. Hefesto, dios artesano, modeló una encantadora doncella mezclando tierra con agua, semejante en rostro a las diosas inmortales. Creó el cuerpo con barro, como un escultor o un alfarero, acto que nos recuerda a la formación de Adán en el Edén, y que nos remite a esa idea de la tierra madre como elemento primordial. Cuenta Hesíodo con mucho detalle cómo la engalanaron con distintas aportaciones. Afrodita, diosa del amor, mandó rodear su cabeza de gracia, irresistible sensualidad y halagos cautivadores. Atenea le entregó un ceñidor, la vistió de blanco resplandeciente y la cubrió con un velo bordado por sus propias manos. Las Gracias le colgaron un collar de oro y las Horas la coronaron con flores primaverales.

El acicalamiento cobra mucho protagonismo en detrimento del propio cuerpo y, por supuesto, del alma. Un mero molde sobre el que se le colocan los más exquisitos ornamentos. Como apunta Ana Iriarte, el cuerpo no parece nombrarse sino para ser cubierto, como si los aderezos, en vez de adornos, constituyeran a la mujer. Se trata de una configuración artificiosa muy focalizada en la apariencia exterior. Los toques finales en la creación de esta figura los da Hermes, el dios mensajero, astuto y locuaz, que introdujo en el pecho de la doncella mentiras, palabras seductoras y carácter voluble. Un hermoso caparazón al que se le inocula un talante terrible: el «bello mal». Una vez finalizada la obra, le infundieron voz y vida, y le pusieron el nombre de Pandora, «la de todos los dones», puesto que cada divinidad le había concedido un regalo distinto. Otros autores han aportado variaciones respecto a la interpretación del nombre. Pandora (*pân* significa todo; *dôron*, regalos) se ha leído también como «el regalo de todos» o «la que da todos los regalos». Las interpretaciones del mito nunca se deben dar por acabadas.

Hermes y Afrodita inoculan un carácter poco fiable en el pecho de Pandora. Eso significa que se mueve por impulsos, y su resistencia a la norma o al deber la designa como a alguien poco honorable, poco sólida. Debido a esa naturaleza, será incapaz de resistirse a la prohibición de abrir la caja donde se encerraban todos los males. Se la considera la responsable de la diseminación en el mundo de todo tipo de desgracias: locura, enfermedad, trabajo, vejez… La pérfida Pandora, esa «calamidad hermosa», bonita por fuera y maligna por dentro, será la culpable de las penurias que acompañan la vida de los humanos. Así pues, Zeus, gran dios del Olimpo, como Yahvé, dios todopoderoso del Antiguo Testamento, castigó a la raza humana a través de la mujer, un ser que no tiene la suficiente entereza para resistirse y sucumbe a la tentación. Lo que no se les puede tolerar a las mujeres es que antepongan el deseo subjetivo a la orden objetiva, que no puedan controlar la parte emotiva, porque ese comportamiento, tan femenino, es sinónimo de inferioridad moral, como afirman Baring y Crashford, y acarrea consecuencias nefastas para todos.

Pandora, pues, es un regalo de Zeus a la humanidad, aunque envenenado. Con ella deseaba castigar a los mortales porque había sido estafado por ellos y estaba encolerizado. Prometeo, su primo, hijo también de un titán, había conseguido engañarlo con una estratagema audaz. Durante el primer sacrificio solemne acontecido en aquellos tiempos legendarios –cuando los humanos empezaban a establecer sus relaciones con los dioses–, Prometeo intervino separando las partes de un toro sacrificado en dos montículos, situando en uno los huesos cubiertos de grasa y en otro las carnes cubiertas con el estómago del animal. Pidió a Zeus que escogiera su parte, y este, atraído por la grasa, se quedó, sin saberlo, con la pila de huesos, con lo que la jugosa carne se pudo repartir entre los hombres –que son los que verdaderamente necesitaban el alimento–. De ahí procede la costumbre de quemar los huesos como ofrenda a los inmortales, que formaba parte de cualquier ritual.

Los actos religiosos, en la antigua Grecia, siempre iban acompañados del sacrificio de animales ofrecido a un determinado dios. Cuanto más importante era la celebración, mayor era el tamaño del animal sacrificado, siendo el toro el más noble. Se trataba de una celebración festiva para la comunidad que marcaba el contraste con la vida cotidiana rutinaria. Los participantes acudían a una ceremonia sacrificial limpios y engalanados. Del mismo modo, al animal escogido también se le embellecía, dorándole los cuernos o colgándole guirnaldas de hojas y flores. Los acólitos se dirigían al altar de sacrificio en procesión. Las mujeres emitían un aullido agudo cuando se asestaba el golpe fatal a la res; era un momento de clímax en el desarrollo de la ceremonia. La vida grita por encima de la muerte, dijo Burkert. Manchar el altar con sangre era un deber piadoso, formaba parte del espectáculo ritual y del impacto emocional. El animal era descuartizado y sus órganos internos se asaban en primer lugar. Probar las vísceras se consideraba un privilegio. Después se consagraban los restos no comestibles, disponiendo los huesos en una pira que, al arder, desprendía humo que se elevaba hacia los cielos. Una vez finalizada la combustión, comenzaba la preparación del verdadero banquete. Toda la carne debía ser consumida dentro del santuario o en el espacio sagrado que se hubiera delimitado, aunque fuera un simple círculo trazado alrededor de un altar o un montículo. Este tipo de muerte ritualizada se hacía para un dios. Los poetas narran como los dioses se enfurecían si no recibían sacrificios en su honor. Era un acto sagrado y, además, generaba vínculo entre los miembros de la comunidad que participaban en él. Aunque existan variantes, el esquema de sacrificio sangriento seguido de la ingesta de la carne por parte de los asistentes era una práctica común. El papel de Prometeo en el mito establece el modo de realizar el ritual para relacionarse con los dioses.

Zeus entra en cólera cuando descubre la pira de huesos camuflados bajo la reluciente grasa, se siente timado. Como diría Detienne, las actuaciones de los dioses se pueden ir contando de ira en ira. Ofendido, el dios del rayo se negó a enviar más fuego a los seres humanos. Les privó de un elemento primordial. Sin fuego, el ser humano se veía obligado a comer carne cruda y no podía realizar ceremonias religiosas. Quedarse sin fuego conllevaba, pues, una regresión a la animalidad. El fuego da calor, permite cocinar los alimentos, hacerlos digeribles, promueve la civilización. La llama ilumina, de un modo literal y también simbólico, ya que aporta luz en forma de conciencia, es, en definitiva, un instrumento de poder que permite progresar; y en ese sentido, poseerlo suponía un peligroso desafío. Ante esta adversidad, Prometeo se las ingenió de nuevo para robar el fuego de los dioses y dárselo a los hombres. Se lo llevó del cielo transportándolo en el hueco de una caña, ajeno a miradas, para que no se apreciara el hurto. Por ese rescate del fuego se consideraba que Prometeo era un benefactor para la humanidad. Lo muestra el hecho de que en Atenas recibió culto en una fiesta en la que se celebraba una carrera de antorchas en alusión a este robo fundamental para la salvación de la raza humana.

Tras esta nueva burla del sagaz Prometeo a la casta divina, la condena sería de largo alcance. Zeus, irritado, ordenó que Prometeo fuese encadenado a una roca en el Cáucaso para que un águila le devorase a diario el hígado, el cual se regeneraba por la noche. Prometeo es «el amante del género humano» o *philánthropos*, pero Zeus está por encima de mortales y de divinos; puede amar, pero puede también fulminar. En la religión griega no hay un diablo, o un único ser maligno, pero todos los dioses, como apunta Burkert, tienen su lado peligroso.

La segunda represalia enviada por Zeus afectó a la humanidad entera y llegó en forma de mujer hermosa con malas artes: Pandora. La «bella maldad» que encarna, no fue enviada para esposarse con Prometeo, que es aquel «que piensa con antelación» (*pró*: antes; *mêtis*: sabiduría), sino que fue la novia elegida por los dioses para su hermano Epimeteo (*epí*: después; *mêtis*: sabiduría), porque sabían que sería más fácilmente embaucado. Prometeo era astuto, valiente y lúcido, y podía prever la estratagema. Incluso había advertido a su hermano que no aceptara ningún regalo de Zeus, consciente de la ira que había desatado en el dios. (Fig. 2) En el cuadro se aprecia cómo Prometeo está intentando frenar el avance de su hermano hacia la deslumbrante doncella que el mensajero Hermes –apoyado en el árbol– ha bajado de los cielos. Pero Epimeteo, ante la provocadora belleza de la joven, sencillamente cedió, no logró ver más allá. Se casó con ella y se consideró bendecido. Los hermanos ilustran la polaridad entre prudencia e insensatez, sagacidad y torpeza, visión anticipada y reflexión tardía. La pretensión inicial de Prometeo de defender a la humanidad con la aportación del fuego terminó en desastre, porque con la llegada de Pandora irrumpiría el mal en la tierra y a los mortales no les quedaría más remedio que soportar el designio de los dioses con resignación.

La creación de un ser de forma artificial para cumplir algún objetivo, o llenar algún vacío, se repite en otras histo-

Figura 2. **Prometeo y Epimeteo ante Pandora.**
Hermann Julius Schlösser, 1878.
Nationalgalerie, Berlín

rias muy conocidas, como la de Pigmalión, el rey de Chipre, que no encontraba a la mujer perfecta y decidió esculpirla. Como relata Ovidio, se enamoró perdidamente de la estatua que había creado con marfil y, por intervención de Afrodita, esa mujer ideal de materia inerte cobró vida, y se pudo casar con ella. Ha sido un personaje muy tratado en la literatura y las artes. El dramaturgo irlandés George Bernard Shaw escribió una versión moderna del mito, donde una florista callejera es instruida por un profesor de fonética que le perfecciona el acento y la presenta en sociedad, que es una forma metafórica de esculpir y hacer revivir a alguien. La florista fue interpretada en el cine por una magistral Audrey Hepburn en el drama musical americano titulado *My Fair Lady* (*Mi bella dama*), de 1964. También el célebre personaje de Pinocho es un muñeco de madera que se transforma en un niño de verdad. Y sin lugar a dudas cabe citar a *Frankenstein* (1818), obra que lleva por subtítulo «el moderno Prometeo». Esta novela de Mary Shelley, pionera de la literatura de ciencia ficción, expone el intento de un científico atormentado de crear un ser humano a partir de distintos cadáveres diseccionados, lo que dará lugar a un monstruo sin nombre repudiado por todo el mundo. Esa arrogancia de creerse un dios con capacidad para infundir vida vincula al protagonista con Prometeo porque, según la versión de Ovidio, fue Prometeo quien creó al hombre con barro. Lo modeló con agua de la lluvia a imagen de los dioses, le dio un «rostro levantado» –a diferencia de los animales– y le ordenó mirar al cielo. Establecer ese vínculo entre cielo y tierra, espíritu y materia, dioses y personas es una preocupación ancestral y eterna.

Para los griegos, de Pandora procedía toda la estirpe de las mujeres, una raza maldita. Ella es la primera hembra, y a partir de ella llegarán las demás. Con ella acaba la edad de Oro y empieza la de Plata, caracterizada por la muerte y el nacimiento mediante el parto. Ella es la causante de todos los males, como Eva, que se deja tentar por la serpiente y provoca la expulsión del paraíso, que significará tener que labrar la tierra con el sudor de la frente y parir con dolor. Hesíodo, el primer autor griego en hablar de Pandora, ya sentencia que esa mujer sería la perdición para «los hombres que se alimentan de pan». Ese detalle sobre el pan es muy indicativo, nos sitúa en lo que significa ser mortal, puesto que los humanos, a diferencia de los dioses, necesitan comida para sobrevivir. Para obtener un alimento tan básico y cotidiano como el pan hay un arduo trabajo previo de recolección, molienda, amasado y cocción que ilustra el esfuerzo perenne por extraer de la tierra el fruto que permita a los humanos pervivir como especie.

Hesíodo hace a Pandora únicamente responsable de la descendencia femenina, nos habla de «tribus de mujeres», como un género aparte, como si los hombres, de otra raza paralela, siguieran naciendo de la tierra igual que en un pasado mítico, porque, efectivamente, en tiempos primigenios, hombres y dioses tenían el mismo origen, pues nacían de la tierra. De la misma forma que hubo varias generaciones de dioses, también hubo cinco razas de hombres: la de oro, la de plata, la de bronce, la de los héroes –que se hicieron famosos en sus combates ante los muros de Troya y Tebas–, y la raza de hierro, en la que el propio Hesíodo se lamenta de haber nacido y donde parece ser que nos hemos quedado hasta hoy. Es un descenso simbólico desde el metal más noble al más denso, de la vida más ligera de llevar a la más pesada, la que conlleva trabajo duro y penalidades. Se trata del mismo concepto de la caída del paraíso pero de forma gradual, con cinco escalones. En la Edad de Oro había solo hombres, que vivían como dioses, puesto que la tierra les proporcionaba espontáneamente todo lo que necesitaban. No conocían vejez, enfermedad, ni dolor ni miseria. Paulatinamente se fue entrando en decadencia. Y la llegada de la mujer simboliza la extensión de los males por doquier. Del mismo modo, el asado de la carne como parte de una ceremonia sagrada implica también un abandono de la alimentación vegetariana de la Edad de Oro, cuando solo se vivía de lo que la tierra proveía.

Pandora llegó a la tierra con un recipiente misterioso que no se puede abrir. Cuando ella abre la vasija que nunca debería haber abierto, se asusta al constatar cómo las miserias se escapaban de su interior a toda velocidad. Como reacción instintiva la tapa rápidamente de nuevo, pero ya es demasiado tarde. En el fondo del recipiente queda, no obstante, la esperanza. Después del fatal error, los hombres de la edad feliz empiezan a conocer la infelicidad, en sus vidas aparecen todo tipo de calamidades y padecimientos y lo único que les queda como consuelo es la esperanza.

Las fuentes antiguas se referían al recipiente donde se almacenaban los males no como a una caja, sino como a una jarra. El nombre utilizado era *pýthos*, que es una vasija de gran tamaño para conservar alimento. El cambio de recipiente, de vasija a caja, que ha sido el que ha perdurado hasta nuestros días, se produjo durante el Renacimiento. Lo debemos a la traducción de Erasmo de Rotterdam, donde relataba que la doncella, dotada de todos los dones –belleza, elegancia, inteligencia y elocuencia–, fue enviada con una caja, también preciosa, pero que contenía calamidades de toda índole. A partir de Erasmo quedó fijada la expresión «la caja de Pandora» en la mayoría de las lenguas europeas: *Pandora's box*, *boite de Pandore* o *dos van Pandora*, para denominar la fuente de desastres, y es una expresión que ha llegado hasta hoy. El reemplazo, pues, de un término griego, *pýthos,* por otro, *pyxís*, un recipiente más pequeño con tapa circular, podría no haber tenido mucha repercusión, pero sin embargo transformó la expresión y la representación plástica de este episodio. Se pasó de una gran vasija a un vaso transportable. Únicamente en italiano el concepto sigue siendo más ambiguo, *vaso di Pandora*.

En la historia del arte ha variado la interpretación del tipo de recipiente que Pandora sujeta en función de la época y el lugar. Se podrían clasificar muchas jarras, jarritos y cajas de distintas formas, dimensiones y materiales. En cualquier caso, el atributo principal del misterioso recipiente permite identificar a una Pandora de cualquier época. Cuando se trata de una caja, a veces es tan pequeña que cabe en sus manos, pero puede llegar a ser un gran cofre, como el que nos muestra el pintor John William Waterhouse (Fig. 3), decorado como un pequeño y refinado mueble, con columnitas en las esquinas, sustentado por pequeñas patas de león, como un arcón. Confeccionado con oro macizo, se aprecian piedras preciosas incrustadas en el borde superior, lo que le otorga la categoría de tesoro, de objeto de lujo. La superficie dorada está completamente recubierta con finos trabajos cincelados

Figura 3. **Pandora.**
John William Waterhouse, 1896.
Colección privada

en el metal de los que podemos apreciar una forma solar con múltiples rayos en uno de sus laterales.

La joven va engalanada como se reseña en el mito, luce un precioso vestido sedoso, con bordados en la parte inferior y un visible cinturón como el que le entregó Atenea. A diferencia de otros pintores, que muestran a Pandora completamente ataviada de blanco, siguiendo literalmente el texto de Hesíodo, Waterhouse ha escogido un tono azulado, color que en arte se relaciona habitualmente con la virgen María. Aunque el aspecto de la joven, con rostro fino y pelo recogido, es de aparente inocencia, una caída eventual de la tela hasta la altura del pezón deja por completo al descubierto un hombro y buena parte de la espalda, insinuando esa ambivalencia entre lo bello y lo perverso, la inocente seductora, la hermosa culpable. Es la primera heroína de este artista que aparece arrodillada, una posición que acostumbra a sugerir sumisión, vulnerabilidad, o desespero, pero que en esta escena intensifica el suspense, puesto que los ojos de la chica se sitúan a la altura de la apertura, y debe alzar la vista para alcanzar a ver el interior, despertando el interés del propio espectador. El artista la pinta mirando fijamente la ranura abierta, con una curiosidad casi infantil, observando con atención qué hay en esa misteriosa caja prohibida. Por el lateral se escapa humo blanco, esbozado con sutileza en formas ondulantes que ascienden hasta partes que ya no podemos vislumbrar. Por el gesto cauteloso de la doncella, nos da la sensación de que lo está destapando lentamente, pero el vapor que desaparece de nuestra vista nos indica que ya es imposible enmendar la situación. Waterhouse no ha escogido el interior de una casa para representar el momento íntimo de realizar la trasgresión, sino que ha situado la escena al aire libre, en pleno bosque, lo que por una parte contribuye a dar al personaje femenino un aspecto de ninfa o de hada –muy habitual en su obra– y, por la otra, da libertad a los males para su huida, puesto que no hay ninguna pared que contenga la dispersión de las miserias que se evaporan sin remedio.

La mayoría de los cuadros dedicados exclusivamente al personaje de Pandora suponen un reto interesante para plasmar el retrato psicológico de la mujer ante la duda. Congelan en sus facciones la expresión que uno puede tener en esos instantes donde se produce la tensión entre la curiosidad y la prudencia, entre el deber y la necesidad de conocer. Las Pandoras con sus tapas en las manos están pensando si abrir o no, calculando el riesgo, calibrando las consecuencias. En otras ocasiones, las obras de arte captan el momento posterior, cuando se constata el desastre acontecido. Entonces, el rostro de la figura femenina es de miedo, la mujer se asusta ante el alcance de su osadía. Jane Harrison precisa que aquello que se esparce son los males de la carne, es decir, los que afectan al cuerpo humano, aquello que lo enferma, lo consume, lo debilita.

Si los males ya se han difundido, el gesto es de total arrepentimiento, como nos lo muestra el pintor inglés Thomas Kennington (Fig. 1). La joven, con el rostro hundido en su mano y abatida por el desastre, sujeta una pequeña caja de plata vacía. Al colocar la figura, completamente desnuda, en el interior de una cueva, nos recuerda a una Magdalena penitente en su etapa de redención, en la que suele aparecer también con el cuerpo cubierto por una larga cabellera. Cabe apuntar que el atributo típico de una Magdalena es un frasco de alabastro donde guardaba los ungüentos. En esta Pandora arrepentida no podemos ver su fisonomía, solo apreciamos su estado de ánimo, devastado, y la caverna oscura que la envuelve refuerza ese sentimiento de desolación. Se ha dado cuenta de lo que han supuesto sus actos y comprende que la propagación del mal es irreparable. De hecho, en ninguna fuente se alude a una prohibición explícita de abrir el recipiente. Ella llega con los males y se da por hecho que es la causa de la perdición.

Curiosamente, hay pocas imágenes de Pandora en el arte griego. Hay testimonio escrito de la existencia de una representación de Pandora en la Grecia clásica que no se ha conservado y que resulta más importante por el lugar donde estaba situada que por la calidad o trascendencia de la pieza. Es Pausanias quien describe una escena sobre la creación de Pandora acompañada de veinte dioses esculpida en la base de la estatua de Atenea de Fidias, la escultura gigante de la diosa que había en el interior del Partenón de Atenas, un templo que era el centro simbólico y espiritual de la ciudad.

Se deduce que fue la curiosidad incontrolable que sembraron los dioses en el interior de Pandora la que la impelió a abrir la caja prohibida: no podía soportar no saber qué había en su interior. Los humanos difícilmente nos podemos contener ante este tipo de tentaciones. Eva come manzanas del árbol prohibido en el Edén, como nos relata el Génesis, porque no puede resistirse a la posibilidad que le ofrece el fruto del conocimiento del bien y del mal. El artista alemán Lucas Cranach, el viejo –gran retratista de Lutero–, nos presenta a Eva sujetando con la mano la fruta de la perdición. Ya ha transgredido la norma. La serpiente plateada, en la rama superior, parece que le esté susurrando para tentarla. Se trata de escoger entre saber más, que implica convertirse en un dios, o conformarse y seguir en el estado de ignorante inocencia; es una elección terrible. «No nos dejes caer en la tentación, mas líbranos del mal» es la frase final del padrenuestro, la oración cristiana repetida durante siglos. Pero caer en la tentación, entendiendo el conocimiento como conciencia de las cosas, nos aporta algo que solo existe en el fondo de todo saber, la esperanza.

También en los cuentos de hadas hay a veces alguna prohibición significativa que constituye el epicentro de la historia. En el relato de Barba Azul hay un palacio con una habitación prohibida. Cuando su propietario debe ausentarse, entrega un gran fajo de llaves a su esposa con la consigna de poder entrar en todas las estancias excepto en una. La dama, intrigada, no puede evitar la tentación y abre la cámara prohibida que está en los sótanos. Es obvio que los lugares que se quieren cerrar a cal y canto contienen algo importante que se pretende ocultar. Cuando la protagonista se arma de valor para abrir la puerta, descubre dentro de ese antro las calaveras de las antiguas esposas, es decir, los males. Una vez visto, no hay vuelta atrás. El velo cae. Se conoce la verdad con toda su crudeza. En la vida cotidiana ocurre constantemente. Descubrimos cosas que nos hacen sospechar en un cajón cerrado, en un correo electrónico de una cuenta ajena, una foto delatadora, una prenda de ropa que no nos pertenece en el rincón de un armario…, y entonces se abre la caja de Pandora.

Y no se puede seguir como si no hubiera sucedido nada. En el cuento, la llave con la que abrió la cámara oscura, sangra, y eso la delata. Con Pandora tampoco hay vuelta atrás. Una vez se destapa la caja, los males se esparcen, y no hay forma de poder volverlos a encerrar.

Ha habido autores posteriores que han ofrecido versiones muy distintas a la de Hesíodo sobre el mito de Pandora. Algunos, como Babrio, han sostenido que la vasija contenía bienes en lugar de males, con lo cual lo que se esparció fue la abundancia. Otros, como Filodemo de Gadara, defienden que quien destapó la vasija no fue Pandora, sino su esposo Epimeteo, que se dio cuenta demasiado tarde de su temeridad. La figura de Pandora nos ofrece tal atractivo que ha sido revisitada por Calderón de la Barca, Voltaire, Goethe o Robert Graves.

El mito también ha sido estudiado desde múltiples miradas. Para el helenista francés Jean-Pierre Vernant, Pandora es una figura que justifica la presencia de fuerzas oscuras en el mundo. Zeus crea para los mortales un don ambiguo, difícil de tolerar, pero del que no se puede prescindir. Quizá, en lugar de estigmatizar a alguien por ser el portador o el abridor de esa caja de truenos, y en especial a la mujer –la culpable

Figura 4. **Eva.** Lucas Cranach, el viejo. c. 1531.
Colección privada

histórica de arrastrar un baúl lleno de calamidades–, podemos aproximarnos al mito para reflexionar sobre la existencia del mal, como hizo Hannah Arendt. Los males siempre han estado entre nosotros, los que enumera Hesíodo y muchos más. Abrir la caja es destapar algo tremebundo, tan terrible que no se quiere sacar a la luz, pero tan real como la vida misma. Hay secretos blindados en muchas familias, en muchas sociedades, en muchas parejas, en muchas almas. Las cajas son simbólicas, pero están presentes de mil formas. Colectivos a los que se ignora, etnias a las que se expulsa, familiares difuntos de los que nada se sabe, parientes que no se dirigen nunca la palabra, parejas con dobles vidas. Se crean silencios desgarradores, cautivos en cofres que pueden ser de lujo. Las heridas de todos se parecen mucho. Los humanos las reconocemos rápidamente. En pequeñas cajitas particulares o en grandes arcones colectivos encontraríamos abusos, mentiras, traiciones, deshonras, ofensas. Si esas cajas no se destapan, los dolores se van enquistando, y acaban creando enfermedades y males de todo tipo que a menudo cuestan de etiquetar, porque no responden tanto a una dolencia física, sino a un sufrimiento más profundo, con unos orígenes muy remotos a veces. Habría que remontarse a los inicios de nuestra mitología personal para poder hallar la raíz de algunas aflicciones. El instinto femenino detecta la presencia de un mal encubierto. Se requiere coraje para abrir esos rincones blindados. Destapar la caja, tirar de la manta o abrir la puerta con una llave son acciones metafóricas que responden a la misma inquietud. Puede ser duro lo que conlleva des-tapar, des-velar, des-cubrir. Pero, a la vez, suele ser la única forma de sanarlo. Hay unos poemas de Arendt que nos advierten:

«Llegarán las horas en que las viejas heridas que olvidamos hace tiempo, amenazarán con consumirnos. No hay palabras que irrumpan en la oscuridad, ni dioses que alcen la mano. Y sigo oyendo todavía: demasiado tarde, demasiado tarde».*

* Arendt, Hannah. *Poemas*. Barcelona: Herder, 2017, pp. 11 y 13.

Figura 1. **Helena de Troya.** Dante Gabriel Rossetti, 1863.
Kunsthalle, Hamburgo

4. HELENA:
LA PASIÓN

«Ciertamente, no hay razón para culpar
a los troyanos y a los armados aqueos si
soportan penalidades duraderas por una tal mujer.
Su rostro era asombroso, como el de las diosas inmortales.
No obstante, aun siendo así, dejadla que vuelva a sus embarcaciones
y que no permanezca aquí por más tiempo, como una plaga para
nosotros y nuestros descendientes».

HOMERO, La Ilíada, III 156-160

«… acostémonos y deleitémonos en el amor.
Nunca el deseo me ha cubierto
así las mientes como ahora,
ni siquiera cuando tras raptarte
de la amena Lacedemonia
me hice a la mar en las naves,
surcadoras del ponto,
y en la isla de Cránae compartí
contigo lecho y amor.
¡Tan enamorado estoy ahora
y tanto me embarga el dulce deseo!».

HOMERO, La Ilíada, III 441-445

HELENA ES UNA DE LAS BELLEZAS legendarias de la Antigüedad. Una versión terrenal de Afrodita, diosa del amor. Codiciada por muchos, resultó ser una terrible fuente de conflicto. Es ese tipo de figura femenina que provoca una ambivalencia en el deseo porque su atractivo físico actúa como un imán. Todo empezó durante un juicio mítico, celebrado en la cima del monte Ida, en Asia Menor, donde tres diosas del Olimpo competían por obtener la manzana de oro que llevaba el mensaje «para la más bella». Se le había encomendado el papel de juez a un joven mortal llamado Paris –un humilde pastor que todavía no conocía su origen noble– para que dirimiera cuál de las tres divinidades olímpicas era la más hermosa. Cada diosa se apresuró a ofrecerle un regalo a cambio de su voto. Paris decidió entregar el trofeo de la fruta dorada a Afrodita, porque le brindaba la mujer más bella del mundo, y esta tentación pasó por delante del poder, la sabiduría y otras glorias prometidas por Atenea y Hera. Como afirma la profesora Eva Cantarella con humor, «Paris fue el primer juez vendido de la historia occidental.»[*]

Rubens (Fig. 2) hizo varias versiones del Juicio de Paris, con sus característicos desnudos femeninos que reflejan el ideal de belleza del siglo XVII en el entorno de Flandes, con mujeres de piel muy clara y carnes abundantes. Uno de las versiones más conocidas está en la National Gallery de Londres, y otra es esta del Prado. Todos los personajes están dispuestos en galería, como en un friso. En el extremo de la parte izquierda aparece el pastor Paris cubierto con una piel de animal. Está sentado en actitud pensativa, ha recaído en

[*] Cantarella, Eva. *El amor es un dios*. Barcelona: Ediciones Paidós, 2009, p. 77.

Figura 2. **El juicio de Paris.** Peter Paul Rubens, c. 1638.
Museo del Prado, Madrid

él la tremenda responsabilidad de elegir entre tres grandes diosas del Olimpo. El que sujeta la manzana dorada, que el pintor ha dibujado como una esfera perfecta, es Hermes –distinguible por su caduceo con las serpientes enroscadas y su sombrero alado– que, en su papel de mensajero, ha traído hasta el monte Ida la misión que se debe llevar a cabo y el preciado regalo con la inscripción. A la derecha aparecen las tres diosas acompañadas por sus atributos. Atenea, con el pelo largo, tiene sus armas metálicas en el suelo, su inconfundible casco de diosa de la guerra y su escudo, con la cabeza de la gorgona repleta de serpientes ondulantes. En el centro, Afrodita, la más rubia, aparece envuelta en un llamativo paño carmesí que capta la atención del ojo. Se tapa con telas transparentes la zona del pubis en un gesto que nos podría recordar al nacimiento de Venus de Botticelli. Cogido a su muslo está Eros, su hijo, que acarrea un carcaj lleno de flechas para disparar con ellas y herir de amor. Revoloteando por encima de su cabeza un pequeño amorcillo está a punto de coronarla con flores, delatando de forma sutil el veredicto final de esta especie de concurso de belleza del pasado mítico. El último personaje, de espaldas al espectador –en una acusada torsión que, en términos artísticos, se denominaría *serpentinata*–, es Hera, esposa de Zeus, con una tiara en el pelo, como reina del Olimpo, y en compañía de su animal, el pavo real, que, posado sobre una rama, luce su larga y hermosa cola. No es fácil escoger. Todos nos podemos preguntar si ante una disyuntiva similar a la del «Juicio de Paris» nos decantaríamos por la belleza, la sabiduría, el poder o la gloria. La respuesta nos daría una pista sobre quién somos y cómo vemos la vida. ¿Qué significa «belleza» para cada uno de nosotros?

La recompensa no le llegó a Paris de forma inmediata, tuvo que esperar. Afrodita es una diosa traviesa, y los amores que infunde no están sometidos a ningún tipo de juicio moral. En materia de enamoramientos espontáneos, no existen leyes ni recetas. Para los griegos, el momento culminante de un amor, el más penetrante, es el impacto de la mirada sobre un objeto nunca visto –como apuntó el helenista Marcel Detienne–. Y Paris vio a Helena por primera vez en el palacio del rey Menelao, en Esparta. Era su esposa, la reina de Laconia. Una mujer casada resultó ser la encarnación de la belleza que se le había prometido. Las convenciones sobre matrimonios, dotes y herencias son sociales; las emociones auténticas no se ajustan a ninguna norma. La visión de los encantos naturales de Helena dejó a Paris atrapado, atravesado por la flecha de Eros, como un alfiler que se clava para despertar una emoción intensa. La poeta Safo de Lesbos describió cómo Eros ejercía su acción de ardiente picadura de manera selectiva. Cuando eso ocurre, el tipo de deseo que surge no tiene otra forma de satisfacerse que con la unión carnal. Se requiere un lecho para apaciguarlo. La distancia se hace insoportable cuando el erotismo es lo que impera.

Muchos artistas han recreado el momento del encuentro entre Paris y Helena, con la intermediación de Afrodita. Cuando alguien producía semejante impacto en el corazón, los griegos estaban convencidos de que había sido cosa de una divinidad. El sentido de la vista jugaba un papel decisivo en el nacimiento del deseo. El amor es Eros, el amor es *theós*, un dios, porque algo que te hacía sentir de manera tan intensa debía tener un origen sobrenatural.

A Eros, conocido como el dios del amor, se le considera por lo general hijo de Afrodita. Se le representa como un ser alado que siembra pasiones con sus flechas y cuya antorcha ardiendo anuncia la llama del amor. Sin embargo, en versiones más antiguas, en las teogonías, Eros es una fuerza muy primigenia que nace del caos, y se considera un impulso que cohesiona el cosmos con su fuerza asegurando la reproducción por la atracción que genera. Esa fuerza de Eros es fundamental para la continuidad de las especies, como afirma Pierre Grimal. El amor lo mueve todo, desde los orígenes. Luciano explicó que la danza nació junto a Eros y es tan antigua como él, y que podemos ver su baile en los movimientos de las constelaciones y los planetas. Ese tipo de fuerza cósmica inicial nos recuerda a la danza de Shiva en la tradición hindú, como manifestación de una energía rítmica primaria. Shiva «danza para mantener la vida del cosmos y para liberar a quienes lo buscan», como afirmó Coomaraswamy.*

El amor como fuerza motora era uno de los atributos de Eros. Todas las tradiciones hablan del amor, con mil matices, también en su vertiente más carnal. En el Antiguo Testamento encontramos el *Cantar de los Cantares*, una colección de poemas de amor atribuidos al rey Salomón, como prototipo de sabio, donde se enaltece el amor erótico. Nos hablan de dos enamorados que se atraen con todos sus encantos y que hablan en un lenguaje muy íntimo, incluso atrevido: «Que me bese con besos de su boca». Un librito en medio de la Biblia que ha dado pie a multitud de interpretaciones. En la antigua India existía el conocido *Kamasutra*, escrito en sánscrito, el libro hindú más antiguo sobre amor erótico que existe. No solo habla de erotismo y sexualidad, sino de satisfacción emocional en la vida. Quizá se sabe desde hace muchos siglos que el amor es el mejor regalo que se ha dado a la humanidad.

¿Cómo sería Helena para despertar ese tipo de amor a primera vista? Las descripciones físicas que las fuentes nos aportan sobre ella, una mujer bendecida por la diosa del amor, nos transmiten también cuál era el canon estético del momento. Helena era una encarnación de Afrodita, es decir, una Venus —nombre latino de la diosa—, y las Venus han llenado nuestro imaginario desde entonces. Venus y Marías pueblan los museos de Occidente. Los textos indican que era rubia. Una cabellera dorada y una tez clara nos la definen de clase alta, se aproxima a la imagen de las diosas olímpi-

* Coomaraswamy, Ananda K. *La danza de Shiva.* Barcelona: Siruela, 2006, p. 81.

cas que Homero describe con epítetos como «la de níveos brazos» o «la de ojos pardos». Cuenta Cicerón que los habitantes de Crotona, en el sur de Italia, contrataron a Zeuxis, un artista reconocido de época clásica, para fijar en una sola imagen el modelo perfecto de belleza, y este no dudó en escoger la figura de Helena. Para recrearla tomó a cinco jóvenes hermosas del lugar como modelos, a fin de elegir, en cada una de ellas, los rasgos perfectos, y dar con un resultado de belleza proverbial. Lamentablemente, no hay ni rastro de la obra de Zeuxis para poder comprobar la figura que aglutinaba los mejores rasgos. No se ha conservado pintura alguna de la Grecia clásica. Encontramos rastros de su estética en las esculturas, como la célebre *Afrodita de Cnido,* atribuida a Praxíteles (s. iv a.C.) que solo conocemos a través de las copias romanas. En cada copia se pierde un poco del aliento original. La Afrodita de Praxíteles fue la primera escultura femenina que presentaba un desnudo completo –cuando la desnudez masculina era muy habitual en la estatuaria ya arcaica– y ha marcado el canon clásico occidental para el cuerpo de la mujer.

Cada época ha tenido su propia encarnación de la belleza. En el *Quattrocento* italiano fue consagrada por Botticelli a partir de la representación del gran amor de su vida, Simonetta Vespucci, modelo en la que se inspiró para obras tan universales como *El Nacimiento de Venus* o *La Primavera*, con lo que ha devenido un icono de belleza femenina del arte occidental. El artista florentino hizo este retrato de perfil (Fig. 3), tan típico del Renacimiento, en el que podemos apreciar con nitidez el afinado rostro y la abundante cabellera ondulada de esta dama noble, que luce un vestido lujoso y lleva como adornos pequeñas joyas diseminadas en los trenzados de ese recogido sofisticado, muy a la moda de la época. Simonetta estaba casada con Marco Vespuccio –pariente del navegante Américo Vespuccio, que dio nombre al continente americano– y tuvo un romance con Giuliano de Médici. «La bella Simonetta», un personaje central de la corte florentina, falleció con poco más de veinte años por tisis, con lo que esa fresca hermosura que aparece en los cuadros de Botticelli, Ghirlandaio o Piero di Cosimo no llegó jamás a marchitarse. Pasaron años, después de su fallecimiento, hasta que Botticcelli la inmortalizó personificando a Venus naciendo de las aguas sobre una concha, lo que nos indica qué vivo seguía manteniendo el recuerdo de su musa. Como una Helena del Renacimiento, su belleza fue tan legendaria que se han querido encontrar trazos de su rostro en muchísimos cuadros de ese periodo. Parece que Botticelli pidió ser enterrado cerca de su amada.

Por muy excepcional que sea la belleza de una mujer, intimar con la esposa legítima de un hombre poderoso nunca tiene solución fácil. Se dice que el amor es ciego, porque asumir determinado tipo de riesgos por pasiones incontroladas tiene, sin lugar a dudas, algo de locura. Acercarse a Helena de Esparta significaba romper los pactos nobles de hospitalidad, que en Grecia eran fundamentales. Esa costumbre del hospedaje sujetaba al individuo como una ley, afirmó Finley. La amistad por hospitalidad era una institución muy seria, precursora de alianzas posteriores. Ser honrosamente acogido en el seno de un palacio aristocrático y, en su interior, atentar contra el núcleo familiar del anfitrión suponía una afrenta intolerable. Si el príncipe troyano Paris se llevó a He-

Figura 3. **Retrato de una joven**
(Probablemente Simonetta Vespucci).
Sandro Botticelli, 1475-1480
Gemäldegalerie, Berlín

lena de Esparta por la fuerza, en un rapto, o si se enamoraron
y huyeron juntos, es algo que se ha discutido incesantemente
desde la misma Antigüedad sin llegar a ninguna versión definitiva. Pero lo que sí sabemos es que la ausencia de Helena
lanzó al mar un millar de naves griegas dispuestas a cobrarse
venganza por el ofendido Menelao, como escribió el poeta
inglés Cristopher Marlowe. Este es el origen mítico de la famosa guerra de Troya, que parecía solo un relato épico ima-

ginado por un aedo hasta que a finales del xix, el empresario alemán Heinrich Schliemann topó con los restos que confirmarían que, como mínimo, la ciudad legendaria de Ilion –nombre griego de Troya, de donde derivará *Ilíada*– existió.

Una guerra de diez años se inicia por la posesión de esa bella dama codiciada por todos, a la que se refiere Eurípides como «objeto demasiado hermoso». Los historiadores se han esforzado en averiguar los motivos que subyacen bajo este mito, el móvil económico que incitaría a atacar la próspera ciudadela de Troya. Estaba estratégicamente situada, controlaba lo que ellos denominaban el Helesponto, actual estrecho de los Dardanelos, que separa Europa de Asia. Este angosto pasillo marítimo comunica el mar Egeo con el de Mármara, un mar interior que, a su vez, da paso al Bósforo. Desde este punto clave se podía controlar todo el tráfico marítimo de mercancías entre Oriente y Occidente. A pesar de que puede aportarnos datos históricos, el mito no es una crónica de hechos acontecidos en el pasado, sino que pertenece a otras lindes, a un plano paralelo. Por ese motivo, no hay nunca una única versión, ni un texto ortodoxo y consensuado. Lo escribieron poetas y fueron constantemente variados y reinterpretados. En la cultura griega no hay dogma, ni libro sagrado. El mito emerge de un lugar común profundo, genera un sustrato de saberes tradicionales y se transforma sin moldes. Helena y Troya han sido revisitadas incesantemente. Todavía hoy lo hacemos, en forma de películas, como la que se estrenó en el año 2004 con una Helena protagonizada por la bella Diane Kruger y un Paris, por Orlando Bloom; también en series de televisión, como la reciente *Troya: la caída de una ciudad* (2018).

Si la obsesión por una mujer pudo llevar a esta larga contienda, la dama mítica de la que hablamos tenía que merecerlo. Su belleza era sobrehumana y su estirpe era divina. Helena era hija de Zeus, que se acercó a su madre Leda en forma de cisne. La misma noche en que el dios del Olimpo se unió a Leda, esta también yació con su esposo Tindáreo. De esa noche con doble cópula nacerán cuatro hijos: dos varones, Cástor y Pólux, y dos hembras, Helena y Clitemnestra. Y dos de ellos, Pólux y Helena, serán inmortales. Al haberse unido a un dios metamorfoseado en cisne, los hijos emergen de un huevo fecundado, y ese nacimiento inusual ya sitúa a Helena en un plano extraordinario. Su excepcional belleza se advierte muy tempranamente y serán muchos los pretendientes que anhelarán su mano. En el momento en que debe ser desposada, casi todos los príncipes de Grecia acuden a la llamada.

En aquella época, las mujeres se casaban a una edad muy temprana. Con trece o catorce años podían estar celebrando la boda, poco después de su primera menstruación. Esto también explica que, cuando Helena abandonó su hogar arrastrada por Paris, a pesar de ser ya esposa y madre, era todavía una mujer joven. Para los griegos, el matrimonio era el pilar de la sociedad, puesto que perpetuaba los linajes y daba estabilidad a las comunidades. La elección de la pareja recaía únicamente en los padres y pactar las alianzas familiares por matrimonio era casi un contrato comercial donde se establecía la dote de la novia. Nadie hablaba en términos de amor durante estas negociaciones. Para la joven que debía ser desposada solía ser un hecho traumático, puesto que se veía obligada a abandonar su hogar conocido para irse a vivir con auténticos desconocidos que no sabía cómo la iban a tratar.

La celebración de una ceremonia nupcial era un aconteci-miento relevante. Duraba tres días; en el tercero, una vez se había celebrado el banquete y la joven pareja había estrenado el lecho nupcial, la familia de la recién casada llegaba con los regalos y la concesión acordada.

Helena era una mujer codiciada por su belleza y por su rango. Cuando tenía doce años, ya fue raptada por el hé-roe ateniense Teseo, que quiso convertirla en su esposa y fue rescatada por sus hermanos. Como era costumbre en las familias de clase alta, cuando tuvo edad de tomar ma-rido, se organizó en la corte de Tindáreo una competición por la mano de esta doncella en la que participaron prínci-pes de toda la Hélade. Para evitar conflictos entre ellos, y siguiendo los consejos del astuto Ulises, se exigió a todos los pretendientes que prestasen un juramento de fidelidad a quien saliera nombrado. Todos deberían respetar al finalista y responder si este los requería en caso de necesidad –fue en virtud de este juramento por lo que se pudo reunir, tiempo después, a la armada griega para asediar Troya y rescatar a Helena–. Finalmente resultó elegido el rubio Menelao, quien conseguiría aventajar al resto. El padre de una joven podía escoger a aquel que le ofreciera los *hédna* o regalos de boda más valiosos, o a un hombre cuyo prestigio en la escala social otorgara honor sobre su linaje. En este caso, fue al revés, gracias al matrimonio con Helena, Menelao se convirtió en rey de Esparta. Tuvieron una hija, Hermíone, y un territorio próspero.

Así fue hasta que la llegada del príncipe troyano Paris en misión diplomática, procedente de un reino lejano, truncó para siempre su vida y la de toda la Hélade. Cuando Helena, raptada o no, desembarca en Troya, no es tratada como una cautiva, sino que es considerada como la esposa legítima de Paris, hijo del rey Príamo de Troya, y vivirá en los aposentos reales del palacio en la parte alta de la ciudadela. Únicamente la princesa Casandra, hermana de Paris, que gozaba del don de la adivinación, se inquietó ante la llegada de la forastera y profetizó el fatal desenlace de esa unión que conllevaría la destrucción de la ciudad. Pero nadie le hizo caso, porque esa era la condena a la que Apolo había sometido a Casandra por no ceder ante sus requerimientos: tener la capacidad de ver el futuro y que nadie creyera en sus predicciones.

En *La Ilíada*, la posición de Helena es controvertida y extremadamente delicada. Fue vista por todos como una adúltera. Abandonar hogar, familia, esposo y una hija pequeña era contravenir el pacto social más sagrado. Una sociedad prejurídica como la de Homero se fundamentaba en el respeto y la fortaleza de estos tratos entre familias. Poco sabemos de la relación íntima entre madres e hijas, puesto que los textos –escritos por hombres– se detuvieron poco en estos pormenores. Únicamente Safo, la poeta que nos habla de sentimientos, ha dejado testimonio del afecto que sentía por su muy amada hija Cleis, «que no daría ni por toda Lidia». Que una madre abandonara a su hija todavía en edad de crianza no estaba bien visto. El papel de esposa y madre era el principal de una mujer, especialmente de clase alta.

Las alianzas matrimoniales eran la base para dar solidez al resto de pactos sociales y no tenían que estar necesariamente vinculadas a un sentimiento amoroso o una atracción erótica. Los varones tenían una única esposa legítima, aunque era tolerado que compartieran lecho con otras mujeres, fuesen criadas, prostitutas o las conocidas heteras, *hetaírai*, una especie de damas de compañía de lujo, cultas e instruidas, que presentaban cierta similitud con las *geishas* japonesas y que eran las únicas invitadas a los banquetes, donde las esposas oficiales no podían asistir. Pero la mujer, al ser el eslabón imprescindible para garantizar la legitimidad de la sangre en la descendencia, no podía manchar su reputación y poner sombras de duda sobre toda la familia. Su función social era parir y criar a futuros ciudadanos y guerreros, y el cumplimiento de esa misión la mantenía en un controlado enclaustramiento dentro de los límites del hogar.

El adulterio era imperdonable. La acusación permanente sobre esos actos inexcusables tenía que suponer un peso difícil de soportar. Helena es un personaje condenado a vivir entre dos mundos, el griego y el troyano; entre dos hombres, Paris y Menelao; entre dos vidas, reina de Esparta y de Troya; dos países, dos familias, dos lealtades. Cómo vivir en este «ser», «sin pertenecer». Debe provocar profundas escisiones. Exilios de uno mismo. Cómo no sentirse inadecuada en una situación así. Todos necesitamos una mínima red de confianza que nos sostenga para vivir, ser reconocidos por los demás. En *La Ilíada*, unos y otros la maldicen y la justifican. No se entiende que Paris haya traído a la esposa y la cuñada de varones valientes como lo son los hermanos Menelao y Agamenón. Es duro encajar las presiones y recriminaciones constantes de los demás y acarrear tu propio sentimiento de culpa, tu dictado mental golpeado con reproches. Ella misma se autocalifica de «perra escalofriante». Se sabe causa del conflicto. Los viejos de Troya preferían que regresara, puesto que su belleza, aunque «parecida a las inmortales diosas», no era motivo suficiente para las calamidades que podía seguir comportando el hecho de retenerla.

En un célebre diálogo que acontece en *La Ilíada* encima de las murallas de Troya, el rey Príamo, padre de Paris, gobernante de esa rica urbe de anchas calles, trata a Helena de hija querida, y le confiesa que para él no es culpable de nada, ya que los causantes son los dioses, que trajeron esa guerra, fuente de lágrimas. Las decisiones divinas se escapaban de cualquier voluntad humana. En el mundo homérico veían a los dioses como una fuente de estados anímicos que irrumpían en su interior y se apoderaban de ellos sin poder evitarlo. Cuando se trataba de destinos dominados por los olímpicos, los mortales no tenían nada que hacer. ¿Cómo discernir entre lo que es fruto de la propia voluntad y lo que no? ¿Somos todos víctimas del destino?

En *La Ilíada*, los dioses homéricos estaban por todas partes, incluso en el campo de batalla, donde intervienen activa y constantemente. Son igual de imprudentes, pasionales y compulsivos que los humanos. Toman partido, toman las armas y, aunque son superiores –más grandes, más veloces, más fuertes–, en esta contienda también salen con rasguños. Afrodita estaba a favor de los troyanos porque Paris le había otorgado la manzana de oro. Hera y Atenea, insultadas por ese desprecio, iban a favor de los griegos. Las diosas se involucran en las peleas y velan por sus héroes escogidos en distintos bandos. Paris, protegido de Afrodita, juega un papel poco glorioso en la guerra de Troya. En su combate cuerpo a cuerpo con su rival –Menelao, primer esposo de Helena– es rescatado por la diosa. Muestra un carácter menos valeroso que la mayoría de los guerreros protagonistas. Es capaz de estar en los aposentos, dedicado al amor, mientras en el exterior los soldados están en plena contienda, motivo por el cual es reprimido por su hermano Héctor. Paris, también llamado Alejandro, es descrito en *La Ilíada* como «presumido, mujeriego y mirón», calificativos que definen su carácter.

Sin embargo, las culpas, tan negras, tan duras, suelen pesar sobre las mujeres. Helena, esta *femme fatale*, chivo expiatorio de los errores masculinos, a largo de la Edad Media, es vista como «arma del Diablo» y, aunque esa calificación se diluye durante el Renacimiento, la fuerza de un personaje tan controvertido ha pervivido hasta nuestros días. Su nombre suele ser sinónimo de traición a la patria y de desvergüenza para la familia. Muchos son los autores que se han referido a Helena y pocos son los textos que la defienden. Entre los más benevolentes, quizá el *Encomio*s de Gorgias, que considera que la fatalidad, la coacción y las pasiones fueron designio de la Fortuna y la exculpa de toda responsabilidad. Ningún hombre podía impedir o modificar la voluntad divina.

¿Hemos tenido la sensación de que perdíamos el control en un momento de enamoramiento? Algo se apodera de nosotros cuando una emoción tan volcánica se activa en nuestro interior. No sabemos por qué, pero la persona amada nos posee por completo, habita en cada pensamiento. Se nos cierra el estómago. Estamos pendientes del siguiente encuentro o del siguiente contacto, como si el resto del tiempo fuese un paréntesis absurdo. El helenista francés Jean P. Vernant afirmaba que los dioses griegos no eran personas sino potencias. A veces notamos esas potencias actuando en nuestras vidas cotidianas de mortales con agendas. De un momento a otro, las prioridades cambian; el estallido, sea hormonal o de locura, lo descoloca todo. No sabemos si nos estamos trastocando, si somos capaces, con nuestra fuerza de voluntad, de parar ese torbellino de emociones desbocadas a las que Platón se refería como «caballos salvajes».

Probablemente, desde los tiempos de *La Ilíada*, los amantes se han visto siempre enfrentados al orden establecido, y sus idilios suelen tener un final trágico. El fenómeno del amor fuera del matrimonio ha sido un tema recurrente: Ginebra y Lancelot, Romeo y Julieta, Hamlet y Ofelia, o grandes amantes adúlteras en personajes como Lady Chatterley, Ana Karenina, Madame Bovary. ¿Qué serían, sin el adulterio, todas nuestras literaturas? Se pregunta Denis de Rougemont. «El amor dichoso no tiene historia. Solo pueden existir novelas de amor mortal, es decir, de amor condenado y amenazado por la vida misma».* La paz en el seno de una pareja en un hogar no exalta el lirismo, es la pasión lo que nos resulta atractivo, y esta siempre conlleva el sufrimiento. Lo apasionante y lo doloroso van de la mano. Únicamente el fenómeno del «amor cortés», durante el periodo medieval y su ensalzamiento de la mujer, supone la defensa de los amantes frente al matrimonio, tal como explica Rougemont.

No siempre logramos incidir en el curso de los acontecimientos. Nos preguntamos si, sencillamente, debemos aceptar lo que llega y permitir que las flechas de Eros nos atraviesen sin barreras. ¿Cómo resistirnos al amor provocado por la herida de una diosa? «El amante que conserva la razón no obedece del todo a su dios», ponía en boca del emperador

---

* Rougemont, Denis. *El amor y Occidente*. Barcelona: Kairós, 1978.

Adriano Marguerite Yourcenar.* El deseo, dulce y peligroso, es terreno de Afrodita. ¿Sabemos, quizá, de dónde procede el deseo? ¿Qué lo causa? ¿Cómo lo alimentamos? Tal vez tenemos la certeza de que no nos puede ir bien, de que ese amor puede acarrear consecuencias terribles, dolor, hogares rotos. Quizá, con esa pasión imparable que llega sin previo aviso, la vida, tal como la vivíamos, tal como la entendíamos, puede estallar en pedazos. Y nos sentimos en una encrucijada: arriesgarse y vivirlo, o replegarse y contenerlo. ¿Asumiremos el riesgo de acarrear tantas culpas? ¿Somos creadores del amor o víctimas de su influjo?

Se nos ocurrirían muchos argumentos basados en este tipo de decisiones que parecen ponernos al límite. Recordemos la novela *Los puentes de Madison County*, de Robert James Waller, en la que se basó la película (1995) protagonizada por Clint Eastwood y Meryl Streep. Era una historia de amor, breve y preciosa, que se desarrolla en el entorno rural del medio oeste americano, entre un ama de casa y un fotógrafo nómada. La increíble atracción que sienten durante el poco tiempo en que conviven les despierta ese tipo de emociones que en la madurez quizá se creen ya olvidadas, pero que habitan en cada uno de nosotros. En pocos días, la vida de ambos queda transformada para siempre. Como diría Deleuze, lo difícil no es conseguir lo que se desea, sino que lo difícil es desear.

Helena, como la figura bíblica de Salomé –que después de una sensual danza ante el rey Herodes acabó pidiendo como regalo la cabeza de san Juan Bautista en una bandeja de pla-

* Yourcenar, Marguerite. *Memòries d'Adrià* Barcelona: Laia, 1983, p. 16.

ta–, encarna el tipo de belleza ante la que todos se rinden. En las representaciones artísticas aparecen los varones de su vida mostrando un comportamiento inducido por esa atracción fatal. Si la pareja es el príncipe troyano Paris, los artistas han escogido el momento del rapto, o bien han retratado a los amantes en aposentos privados, donde el pintor se sitúa como un *voyeur* de su intimidad. Si, por el contrario, aparece el primer marido, Menelao, aparecen en las alegres fiestas de sus esponsales, o bien en una célebre escena que nos sitúa al final de la guerra de Troya, cuando el ofendido rey de Esparta, loco de rabia y dispuesto a restaurar su honor, está a punto de matar a su propia esposa Helena, por adúltera. Sin embargo, no lo hace, porque, frente a la caída de sus ropas, muestra su turgente seno, y ante esa visión de belleza arrebatadora, se rinde y no es capaz de asesinarla. Para los griegos, la belleza en mayúsculas desarmaba. Es irreductible. Como afirmó García Gual, Helena provoca la guerra y sobrevive sin ningún rasguño.

¿Cómo han representado los artistas a Helena? No hay ningún atributo concreto para identificarla, a diferencia de Leda con el cisne, Andrómeda con las cadenas, Circe con la vara. Los de Helena suelen ser retratos femeninos que ejemplifican, por sí mismos, la belleza suprema, el motivo de tantas disputas. Y el canon de belleza ha ido evolucionando con el paso del tiempo, con lo cual las Helenas de distintos siglos nos ofrecen una variada galería de damas ricamente ataviadas al gusto de la época, ejemplos de la más guapa de cada momento. En algunas ocasiones se divisan, como telón de fondo, unas murallas o el perfil de la ciudad difuminado, haciendo referencia a la ciudad de Troya o Ilion, célebre por sus anchas calles y sus riquezas. Así lo hace el artista inglés Dante Gabriel Rossetti (Fig. 1). Sobre un horizonte donde se aprecian veladamente torres y edificios, nos ofrece un retrato psicológico en primer plano de una bella joven de mirada ausente. Con un pelo rubio suelto y abundante –tan típico en todas las figuras femeninas de su obra y, en general, en toda la de los pintores vinculados a la hermandad de los prerrafaelitas–, Rossetti nos aporta un detalle personal interesante: con el dedo índice Helena está señalando la antorcha grabada en su colgante, llamas de color rojo como el fuego que ha hecho arder Troya, dejando un cielo colmado de ceniza gris y marcando el triste final de esa funesta guerra.

Helena regresa tras un retorno azaroso a la ciudad de Esparta de la mano de Menelao y recupera el papel de amada esposa, admirada consorte y adorada soberana. Así narra *La Odisea* que la encontró Telémaco, hijo de Odiseo, cuando, años después, el joven zarpó de Ítaca en busca de su padre. Helena será respetada tras su muerte, incluso honrada como una diosa. Se conocen muchos lugares de culto dedicados a su figura. Pausanias nos habla de un santuario en un pequeño bosque de plátanos –se le denominaba *Platanistás*– donde se celebraban ceremonias de carácter iniciático y competiciones juveniles. Su belleza acabó siendo un espejo donde las doncellas espartanas se querían reflejar.

Gane quien gane la guerra, cualquiera de ellas, real o metafórica –en un campo de batalla, en un juzgado, en una sobremesa familiar, en una pelea de hermanos o de pareja–, siempre conlleva muchas pérdidas. La guerra de Troya se llevó por delante a grandes héroes y lo que ellos personificaban. Con cada gran guerra muere una determinada forma de ver el mundo. Le sigue la desolación. La ciudad quemada. Los vencidos esclavizados. Incluso los vencedores que han logrado sobrevivir, regresan heridos. En los cantos iniciales de *La Odisea* hallamos sucesivos lamentos sobre esas pérdidas irreparables. Helena aparece en los primeros capítulos residiendo de nuevo en su palacio de Esparta, con Menelao, en su primer hogar. Como si no hubiera ocurrido nada, cuando ha pasado de todo. Ella misma vaticinó: «En lo sucesivo, nos tornaremos en materia de canto para los hombres futuros».* Y así ha sido.

Tras *La Ilíada* y *La Odisea,* sustentándola como una urdimbre, yacen siglos de poesía oral, como escribió el historiador Finley, que miles de años después nos interpelan. El eminente lingüista Georges Dumezil recomendaba leer *La Ilíada* cada año. Alejandro Magno durante sus campañas llevaba siempre un ejemplar del libro. Una historia universal que ha sido referencia desde hace más de dos mil años. Si Helena tuvo alguna culpa, si los dioses, la pasión o la voluntad se confunden, es cosa de todos, desde siempre. Me quedo con un verso del poeta Joan Margarit como colofón para este personaje: «Helena es todos los sueños que la vida se ha ido quedando».

* *La Ilíada*, VI, 357 y ss.

Figura 1. **Amazona herida.** Franz von Stuck, 1905.
Harvard Art Museums, Cambridge

5. LAS AMAZONAS: LA LUCHA

«… estirpe destacada en lo relativo a la guerra,
pues llevaban un género de vida varonil y, si alguna vez parían
por haber tenido alguna relación sexual, criaban a las hembras;
se comprimían el pecho derecho para que no les molestara al disparar,
mientras conservaban el izquierdo para poder criar».

APOLODORO, BIBLIOTECA II 5, 9

«… y sé también que viven en las proximidades del Cáucaso
Amazonas, que no tienen maridos y de carne se nutren».

ESQUILO, LAS SUPLICANTES 287

LAS MUJERES GUERRERAS CONOCIDAS como Amazonas, figuras empoderadas que normalmente nos imaginamos cabalgando con aires de superioridad, son personajes a medio
camino entre el mito y la historia. Las fuentes clásicas nos
hablan de una famosa visita de una reina Amazona a Alejandro Magno, y ese dato ha dado pie a muchas elucubraciones
sobre la verdadera existencia de estas mujeres que lucha-
ban como hombres. Los griegos creyeron en estas guerreras,
porque para ellos los mitos eran verdades universales, y no,
como defiende Tyrrell, detalles que nosotros consideramos
hechos históricos.

Descritas como excelentes jinetes –de ahí la derivación del término para aquella que domine el arte ecuestre– estaban también entrenadas para ser arqueras certeras. Según Apolodoro, se comprimían el pecho derecho para poder ejercer mejor el tiro con arco o el manejo de la lanza, dejando el izquierdo para la lactancia. Quizá por ese motivo, la propia palabra «amazona» se ha interpretado a menudo como una «sin pecho». El prefijo «a-» indica negación y *mastós*, «mamas, seno, pecho femenino». *A-mazon* significaría entonces «sin pecho». También se ha dicho que se lo cortaban, se lo quemaban o cauterizaban. Una práctica escalofriante sobre el cuerpo como ha habido muchas a lo largo de la historia; niñas chinas con los pies vendados para que no crecieran; ablaciones de clítoris en países africanos; tatuajes con emblemas de la tribu; perforaciones en orejas o narices. Sin embargo, cuando el mito centra la mutilación en ese punto, el tema posee una fuerte connotación. Para estas guerreras libres, los senos, como atractivo sensual, no tendrían tanta relevancia, ya que prevalece su papel como luchadoras hábiles. Del mismo modo, las mamas para ejercer de madres lactantes las requieren justo para cumplir la función literal de alimentar, por eso con una bastaría. Es significativo. Ese detalle nos revela que este tipo de fémina dista mucho de todo el universo relacionado con Afrodita, la diosa del amor. Lo que destile cortejo, romance, coquetería, todo lo afrodisíaco no forma parte de su universo. Del mismo modo que tampoco es esencial lo maternal, que lo puede encarnar Deméter en el panteón griego, o tantísimas diosas relacionadas con la fecundidad y la nutrición primordial, en una imagen tan reiterada como la diosa-madre en el acto de amamantar, desde Isis a la virgen María.

Está tan arraigado ese papel de madre nutricia en las sociedades primitivas –y todavía, en la actualidad, fortalecido con las nuevas corrientes que reivindican la lactancia materna– que las Amazonas, de entrada, representan una ruptura muy evidente con todo lo considerado propio del género femenino en los esquemas mentales de la antigua Grecia. Un pecho maltrecho es una imagen muy dura, sesga el cuerpo de la mujer, aniquila una de las curvas más preciadas, disminuye cualquier voluptuosidad. Hace poco leí que los estudios médicos recientes indican que, si hoy en día paseáramos desnudos por la ciudad, las cicatrices más numerosas serían, en los varones, las operaciones de corazón, y en las mujeres, las mastectomías, que etimológicamente deriva también de las palabras griegas *mastós* «mama» y *ektomía* «extirpación quirúrgica». Cortar las mamas para erradicar un cáncer es, lamentablemente, algo muy común en nuestros días, con chicas cada vez más jóvenes. Tan duro, tan traumático. ¿Por qué otro motivo se podría hacer algo semejante si no es para detener la extensión de un mal? Las Amazonas lo harían para disparar flechas con más soltura o lanzar jabalinas sin impedimentos. El mito nos perfila un arquetipo con unas características muy especiales.

Al hallarse tan distanciadas del rol tradicional de mujer –doncella deseable, madre entregada–, para los griegos las Amazonas encarnaban el elemento bárbaro, de criatura imposible, como un centauro, un híbrido, algo amorfo, inconcebible. Y además estaban lejos, en tierras no civilizadas donde se hablaba con una lengua indescifrable que ellos asociaban a la onomatopeya «bar bar», de ahí la palabra bárbaros. Eran bárbaras todas las gentes que no sabían griego y que vivían más allá de sus lindes, allí donde su mapa conocido se difuminaba. En el caso de las Amazonas había, además, ese componente añadido de lo femenino. No solo eran de tierras alejadas, hablaban otro idioma y tenían costumbres incomprensibles, sino que además eran solo mujeres, mujeres sin mando ni control masculino, mujeres que se gobernaban a sí mismas. Lo bárbaro en femenino. Viviendo en los confines del mundo y en la frontera de los tiempos míticos, como concluye Bonnefoy, constituían el colmo de la alteridad.

Se las situaba en un área geográfica imprecisa, en los confines del Ponto Euxino, alrededor del mar Negro, quizá en Tracia, bien en el Cáucaso, bien alrededor del río Termodonte. Estaban organizadas en distintas tribus. En ocasiones se las había asimilado con los pueblos escitas. Los tauros escitas eran los habitantes de Táuride, la actual Crimea –recordemos la tragedia de Eurípides *Ifigenia en Táuride*, que hace referencia a ese lugar–. Las Amazonas vivían exclusivamente de la guerra y el saqueo, en palabras del propio Heródoto. En la cerámica griega del periodo clásico son representadas a caballo, una imagen chocante, puesto que las mujeres griegas no cabalgaban. El tipo de atuendo era muy parecido al de un escita, con calzones ajustados largos hasta los tobillos y moteados. Las prendas, hechas con piel de pantera o de leopardo, eran complementos que incrementaban la sensación de rareza y de salvajismo. A menudo aparecen cubiertas con una capa corta sobre los hombros y coronadas con un gorro frigio –Frigia estaba en la península de Anatolia–, un detalle propio en todos los personajes oriundos de la zona que los griegos consideraban Asia, por lo tanto, bárbara.

Figura 2. **Amazonomaquia.** Detalles de un lécito ático
de figuras rojas. 420 a.C.
Metropolitan Museum of Art, Nueva York

Lo que las distingue a primera vista son sus características
armas de guerrera. No solo cargaban arcos, sino que también sujetaban hachas –detalle que asociaríamos a culturas
más septentrionales, como los vikingos, por ejemplo– y unos
escudos peculiares, muy ligeros, llamados *pelta*, que tenían
forma de media luna. Este detalle constituía un elemento
exótico muy distinto de la gran circunferencia del escudo
hoplita –los hoplitas eran soldados griegos– redondo y pe-
sado. «Mujeres luna», apunta Robert Graves, podría ser otro
de los significados de Amazona. En la pieza de cerámica
del Metropolitan (Fig. 2) se puede apreciar a las mujeres
guerreras en plena acción, con su indumentaria característi-

ca de pantalones moteados hasta las rodillas, y esos escudos con una forma que recuerda la luna creciente. Recientemente fueron halladas unas tumbas principescas ocupadas por mujeres en unas excavaciones de las estepas euroasiáticas que contenían restos de armas y atributos de guerrero. Apareció en la prensa que eran «amazonas escitas» y que los adornos estaban casi intactos. Era la primera vez que aparecían cuatro enterramientos juntos, y los arqueólogos les atribuían más de dos mil años de antigüedad. Este tipo de hallazgos reaviva la leyenda sobre la existencia de algún tipo de casta guerrera femenina en la Antigüedad.

El universo griego fabuló sobre este pueblo con habitantes de un solo sexo. Las fuentes cuentan que las Amazonas solo querían a los hombres para procrear y, por ese motivo, una vez al año salían para aparearse, a oscuras, en la intemperie, y al azar, con lo que era imposible conocer la paternidad de nadie. Los roles tradicionales completamente invertidos. La mujer en el mundo clásico tenía la misión de garantizar y perpetuar el linaje del hombre, de ahí la obsesión por tener controlada la concepción de los hijos. Del fruto de las relaciones promiscuas circunstanciales, las Amazonas parían criaturas, criando exclusivamente a las hijas y eliminando a los chicos, o bien lisiándolos para que hicieran trabajos menores. El padre no importaba y las hijas eran más apreciadas como descendencia. Es la antítesis de la mujer modesta al servicio del hombre, o de las hijas entregadas con dote en el matrimonio. En este tipo de hembra guerrera se aprecia un desinterés manifiesto por las artes de la seducción. No hay preocupación por agradar o por mantener relaciones afectivas o de sumisión. La sexualidad es lujuriosa y por conveniencia, y el tipo de maternidad, selectiva. Mujeres luchando y gobernando, y varones en tareas inferiores, una contrapartida diametralmente opuesta a la de la sociedad griega tradicional, como ya sospechaba Diodoro. Parece que Alejandro Magno fue requerido por una reina Amazona precisamente para obtener un hijo de él y distintos autores narran el mismo episodio, que tuvo lugar en Bactriana, donde, al parecer, los amantes estuvieron juntos trece días.

Las líderes de las tribus amazonas eran siempre reinas y rendían culto a Ártemis, diosa lunar, la gran cazadora, paradigma de la vida salvaje, implacable con todos los que vulneran el sagrado mundo femenino. Esta joven diosa olímpica era su inspiración. De ahí su destreza con el arco y las flechas. Diana cazadora será la versión latina de esta divinidad. Emulaban a la única hija de Zeus a la que se le había concedido poder correr libre por los bosques de la Arcadia con su nutrida corte de ninfas vírgenes y vestir un peplo corto a la altura de las rodillas enseñando impunemente las piernas en sus saltos –cuando lo normal, en la indumentaria femenina decente, eran peplos o quitones largos hasta los pies, como apreciamos en toda la escultura clásica–. Relata Calímaco que, de niña, sentada en las rodillas de su padre Zeus, la pequeña Ártemis ya le pidió flechas, arco, virginidad y libertad. Para los griegos, ese mundo salvaje de Ártemis, admisible durante la juventud, se domesticaba con el matrimonio, encarnado por Hera, la esposa arquetípica del Olimpo. Los esponsales marcaban la frontera entre infancia y edad adulta, entre lo indomable y lo domesticado, entre lo que no se puede tolerar y lo que debe ser.

Se decía que el gran templo de Éfeso dedicado a Ártemis, el célebre *Artemision*, una de las siete maravillas del mundo antiguo, había sido erigido por las Amazonas en honor a su diosa tutelar. Esa imponente casa de la diosa en piedra blanca, de grandes dimensiones, fue una de las construcciones más deslumbrantes de la costa de Asia Menor. Al conquistar Éfeso, las Amazonas habían colocado una imagen de Ártemis más rudimentaria bajo un árbol y realizado a su alrededor sacrificios y danzas con sus escudos. El templo se construyó después en ese mismo lugar donde se había celebrado el primer ritual. Fundaron varias ciudades más en el mismo litoral: Esmirna, Cirene o Mirina. Auténticas conquistadoras.

A pesar de adorar a Ártemis y seguir su senda, se consideraba que todas las Amazonas, como estirpe de mujeres guerreras, descendían del dios de la guerra Ares. Ares es la divinidad más violenta del panteón olímpico, el rey de la batalla, la sangre y el entrechocar de bronces. Se le invocaba cuando los ejércitos tenían que iniciar la contienda porque infundía espíritu de lucha. Él y Atenea son los dos dioses del Olimpo que se identifican fácilmente por lucir un casco metálico, atributo inconfundible. A pesar de estar ambos vinculados a la guerra, Atenea irradia un perfil más prudente, más inteligente. Ella posee *mêtis*, es decir, astucia o ingenio; es la buena estratega y disfruta de la gloria de la victoria. Suele sostener en sus manos una victoria alada, la *Niké*. En la Acrópolis de Atenas hay un pequeño templo dedicado a Atenea Niké al lado de los propileos de la entrada.

Ares tiene otros matices, más feroces, como dios de la guerra. En el Canto V de *La Ilíada* se le define como el «insaciable en combate», «ruina de mortales, manchado de sangre, asaltador de muros». Encarna la guerra misma, la brutalidad, la violencia incluso sin causa o sin justicia, y el concepto de pura virilidad. Una virilidad que no únicamente transpira en su fuerza física, también en su dedicación a los flirteos. El episodio más célebre es el idilio clandestino que mantenía como amante de Afrodita. En Roma, esta pareja se conocerá con los nombres de Marte y Venus. Simbolizan la guerra y el amor, la conquista y el regocijo, la lucha y la pasión, siempre tan cerca, en tensión permanente. Marte también es el nombre del «planeta rojo» que los griegos tenían localizado por su brillante luz rojiza y lo llamaban *Pirente*, es decir, «flameante». Marte dará nombre al día de la semana martes y al mes de marzo, el primer mes del año en el calendario antiguo –el ciclo anual empezaba con la llegada de la primavera, el estallido de la vida después de la larga interrupción invernal–. Ares era un dios olímpico pero el más bárbaro de todos. Habitaba en Tracia, al norte, un norte que para los helenos implicaba un clima mucho más duro, pueblos más indómitos y menos legislados, y gentes más altas y toscas que tenían buenos caballos. Las Amazonas eran sus hijas, procedían de ese linaje guerreador y de esas remotas latitudes donde no conocen los cereales y devoran carne, como describe Esquilo.

El prototipo de mujer fuerte y libre provocaba tanta admiración como recelo, con lo que el mito perduró durante muchos siglos. En pleno siglo xx se popularizó el personaje de *Wonder Woman* (Mujer maravilla), una superheroína ficticia creada por William Moulton Marston bajo el pseudónimo de Charles Moulton en 1941. Era una joven y guapa princesa Amazona, protagonista absoluta de su propia historieta, y no la pareja de un héroe. Inspirada en el mito griego, se hizo muy famosa como figura femenina de cómic porque seguía rompiendo moldes. Dotada de muchos poderes y habilidades, en su tierra natal era conocida como Diana de Temiscira y, entre sus muchas armas mágicas, contaba con un «Lazo de la verdad». Años más tarde, en la década de los setenta, el personaje fue llevado a las pantallas en una serie, y recientemente se han producido distintas películas en la que aparece, destacando la que se estrenó, con el mismo título *Wonder Woman*, en 2017, con Gal Gadot, en el papel de Diana, y una musculosa Robin Wright, en el papel de Antíope, que entrenaba a la protagonista desde jovencita.

Explica García Gual que el mito griego persistió en la literatura medieval y se filtró en algunos libros de caballerías; y de esos fantásticos relatos pasó a la imaginación de los conquistadores de América, de ahí los nombres geográficos. El río Amazonas –y la selva que atraviesa– se llama así en alusión a estas guerreras de la mitología griega. Probablemente, los conquistadores españoles que lo descubrieron equipararon las guerreras del mito con las mujeres indígenas de largas cabelleras negras que los atacaban lanzándoles flechas.

Se pueden hallar ecos similares en mitologías de otros pueblos. Los nórdicos tenían a las Valquirias como damas guerreras, que cabalgan por el cielo con corceles veloces, armadas hasta los dientes. Como seguidoras de Odín tenían la misión de recoger a los héroes valientes caídos durante la batalla y trasladarlos hasta el *Valhalla*, en el reino de Asgard, donde se estaba conformando el ejército para la batalla del fin del mundo, el *Ragnarök*. En la tradición celta, Morrigan, diosa de la guerra, constituía un arquetipo parecido. Tenía capacidad para metamorfosearse en una corneja o en un cuervo y sobrevolaba por encima de las armadas profetizando la muerte. Infundía ira a los guerreros y los provocaba para combatir. Se la relacionaba con la fertilidad por su promiscuidad sexual. Junto con Macha y Badbh, formaban una tríada de diosas temibles, las furias de la batalla.

Las Amazonas, entrenadas con dureza y disciplina, eran consideradas iguales a los varones. Constituían un enemigo temible, hasta el punto de que todas sus líderes se enfrentaron a los grandes héroes de la Antigüedad. En *La Ilíada* se las describe con la palabra *antiáneirai*, que se ha traducido como «varoniles» o «que valen como los hombres». Por ser unas iguales, pueden entrar en combate abierto con ellos. Ese *tête à tête* con los héroes nos ha dejado rastro de algunos nombres propios de sus principales reinas. En las fuentes aparecen citadas Hipólita, Melanipa, Antíope o Pentesilea. Cabe apuntar que, en griego antiguo, *híppos* significaba «caballo», con lo que nombres como Hipólita o Melanipa hacen clara referencia al animal que montaban. Conservamos todavía, con la misma raíz, términos como «hípica» o «hipódromo». Los celtas tenían una diosa ecuestre que se llamaba Epona, nombre que equivalía a «fuente del caballo». Era una imponente amazona sin reglas «que nadie ni nada podía detener cuando se ponía a galope», como explica Alessandra Bartolotti.

Hipólita será la protagonista del noveno trabajo de Heracles, el héroe más popular de la mitología clásica. El Hércules romano, a lo largo de sus doce tareas, se enfrentará, con su fuerza sobrehumana, a todo tipo de bestias reales y monstruos imaginarios: un león invencible, una hidra de muchas cabezas, un toro… y también a una reina amazona. Su misión, en este caso, consistirá en robarle el cinturón de oro, regalo de su padre divino Ares como signo de poder. Quitándole el cinturón mágico, una insignia real, la desposeía simbólicamente de la soberanía y, al mismo tiempo, de su feminidad, puesto que, por tradición, la noche de bodas, de forma ritual, lo primero que se hacía era desatar el cinturón de la novia. Dar el propio cinturón o el emblema de poder es como abandonarse uno mismo, no es solamente renunciar al liderazgo.

El gran héroe de Atenas, Teseo, se casará con la reina Antíope, a la que había raptado previamente en una expedición a su país. Este rapto provocará el ataque de un ejército de Amazonas sobre la ciudad de Atenas en una gran batalla que ha dado muchas imágenes de lo que se denomina amazonomaquia. Se trata de escenas tumultuosas que –al igual que las centauromaquias o titanomaquias– decoran en relieve muchos templos importantes, como las metopas del gran Partenón de Atenas. Era una forma de fijar, visualmente, esas victorias de la civilización griega contra lo que se consideraba la barbarie. Combatían lo que Walter Burkert resume como «criaturas fabulosas en los límites de lo humano», que incluía centauros y Amazonas por igual. Su amenaza tenía que ser severamente detenida. El montículo situado delante de la Acrópolis, conocido como Areópago o «colina de Ares», según Esquilo, lleva ese nombre porque las Amazonas sacrificaron allí ofrendas a su padre Ares cuando llegaron con su ejército para atacar a Teseo. Esa raza de mujeres que ponían en jaque el orden establecido había sido eliminada de

Figura 3. **Detalle del friso de las Amazonas.**
Mausoleo de Halicarnaso, 350 a.C.
British Museum, Londres

forma ejemplarizante, y lo habían cincelado en piedra para
que esa gloria no cayera en el olvido. En estas victorias se
reflejaba una determinada forma de ver el mundo. Las mujeres debían casarse y dominarse para que no se produjeran
fenómenos de ese tipo. Los bárbaros debían someterse para
que el orden imperase frente al caos.

Se representaron amazonomaquias en construcciones tan
emblemáticas como el Mausoleo de Halicarnaso, otra de las
siete maravillas del mundo (Fig. 3), cuyos frisos se pueden
apreciar en el British Museum. En estos relieves aparecen
multitud de escenas donde las Amazonas son claramente
derrotadas por el elemento masculino, baste ver, en la composición izquierda, la imagen de ella de rodillas, suplicante,
con dos guerreros hoplitas que la atacan con agresividad,
pudiéndose distinguir con claridad el voluminoso casco y el
escudo redondo que los identifica como griegos. Del mismo

modo que en la escena de la derecha, el prototipo de guerrero con el cuerpo esculpido hasta el último detalle tira bruscamente del caballo a la Amazona, vestida con falda corta, al estilo de una Ártemis, para hacerla caer. También se representó esta derrota de las Amazonas en la cara exterior del escudo de la Atenea de Fidias, esa escultura gigante de oro y marfil (que no se conservó) instalada en el interior del Partenón. Las imágenes del mito quedaban integradas en lugares tan solemnes para transmitir unos valores y una ideología que, como dice Tyrrel, fundía la convicción religiosa con el patriotismo. Las Amazonas fueron vencidas y aniquiladas del mismo modo que los centauros o los titanes en el plano mítico, o los persas en las batallas reales.

Otra célebre líder amazona abatida fue Pentesilea, distinguida por numerosas gestas en la guerra de Troya, donde llegó para socorrer al rey Príamo, luchando en el bando troyano, otro enemigo al que los griegos habían vencido. Sucumbió a manos de Aquiles, el de pies ligeros, el cual se enamoró de ella cuando la sujetaba desfallecida en sus brazos. Ese amor a contratiempo le hizo llorar amargamente, porque los valientes héroes homéricos también lloraban. Una imagen de Pentesilea moribunda sostenida por Aquiles estaba grabada en el trono de Zeus en el templo de Olimpia, según Robert Graves. Pentesilea tenía un rostro de belleza aterradora y radiante, escribió Quinto. Sus ojos, chispeantes como rayos, provocaban el deseo de los hombres. Eran atractivas por su belleza y por lo que suponían de desafío a lo establecido. Como fieras indomables, no querían ser madres ni esposas, ni estar al servicio de ningún hombre. Las Amazonas poseían atributos de ambos sexos: belleza femenina, fuerza masculina, una androginia particular. Para matar a Pentesilea, Aquiles la hirió donde más duele: el pecho derecho. El arte nos ha perpetuado la imagen del semidivino Aquiles hundiéndole su lanza.

Ninguna representación artística muestra a amazonas sin uno de los senos. Suelen ser mujeres con cuerpos fuertes, con los pechos intactos, quizá desnudos, luchando, cabalgando, arrojando lanzas, tensando el arco. O bien con una herida, porque siempre, en todos los casos, fueron derrotadas. Dispersas por distintos museos se conservan esculturas antiguas y varias réplicas que llevan por título «Amazona herida». Los artistas intentaban capturar el momento de su último suspiro, la caída del caballo, el final. Ese instante en que ha traspasado al otro mundo, porque la historia nos cuenta que acabaron todas sometidas, aniquiladas. El artista alemán Franz von Stuck (Fig. 1), a inicios del siglo XX, escogió de nuevo el tema de la Amazona herida, que con su mano bajo el pecho está conteniendo el corte del que cae un visible reguero de sangre. Se protege bajo un inmenso escudo circular que centra la composición y que el artista pinta de rojo, del mismo modo que sus sandalias y el pelo de su compañera abatida en el suelo. La pérdida de la batalla lo tiñe todo de rojo. A lo lejos se divisa un centauro tirando una flecha a los guerreros que tiene delante, la lucha continua, pero la Amazona ya está alejada de eso, está de rodillas, con la cabeza agachada, replegada, tocada de muerte, en esa parte del cuerpo tan sensual como delicada, tan vulnerable como codiciada. Herir el pecho es herir también el corazón.

Las Amazonas han sido vistas a veces como la reminiscencia de un matriarcado anterior, puesto que eran comunidades integradas exclusivamente por mujeres. Pero no es precisamente un clan caracterizado por sus valores femeninos, dado que su talante es belicoso y viril. Es más bien una inversión de los roles en relación con un sistema social como el griego, donde la mujer era poco más que una propiedad. Tutelada primero por padres y hermanos, después por maridos e hijos, solía estar relegada a tareas domésticas silenciosas como el telar, la organización del hogar, la crianza de los hijos. Que las mujeres gobernasen, decidiesen, legislasen, cabalgasen, cazasen, poseyesen, en definitiva, que mandasen, con poder absoluto, era el mundo al revés. La pregunta sería: ¿A qué precio? Si fueran las herederas de un hipotético matriarcado antiguo, su poder estaría exacerbado hasta límites crueles, como el de eliminar o dañar a sus propios hijos varones. Para lograr ser guerreras invencibles debían poner al límite la agresividad, la virilidad, la competitividad, la fuerza física, la disciplina, la rigidez. Valores contrarios a lo femenino en esencia. Acabaron por desarrollar incluso odio al otro género, *androfobia*.

Es un debate todavía abierto, cómo defender a las mujeres de la opresión sin operar con los peores valores masculinos. Existe desde el 2008 un colectivo reivindicativo llamado Femen, fundado en Kiev, Ucrania, que organiza protestas públicas contra el patriarcado, la explotación sexual, las dictaduras, y todo lo que consideran que oprime al sexo femenino. Sus seguidoras aparecen con una corona de flores y los pechos completamente al descubierto con los mensajes reivindicativos escritos directamente sobre la piel en letras negras. Esta defensa del nudismo para protestar contra el patriarcado ha captado la atención de los medios y hoy en día es un movimiento reconocido. Se autoproclaman defensoras de la igualdad social y de sexos. Sus manifestaciones suelen acabar con detenciones. En algunos países, eso puede suponer unas horas de calabozo. En otros, el riesgo es mucho más alto. Como en el mito de las Amazonas, su esfuerzo, su fortaleza y su coraje no evitan la herida en el pecho.

Una herida compartida por tantas, ya que para hacernos un hueco nos hemos convertido en una especie de «hombres con faldas», tal como nos describió irónicamente la psicóloga Marion Woodman a las mujeres de hoy. Las jornadas laborales extensivas dejan menos de un pecho para amamantar. La competitividad en los puestos de trabajo nos obliga a ir con escudos, más pequeños y más ligeros que los de ellos, que no cumplen con las mismas obligaciones en el hogar ni en la crianza. Las renuncias de las mujeres modernas son constantes: a su cuerpo, a su espacio, a su descanso, a su libido. Virginia Woolf hablaba de una habitación propia. Si no hay habitación propia, no hay espacio propio, ni exterior ni interior. Significa que no hay tiempo para una misma. Como las Amazonas, me atrevería a decir que a las trabajadoras de hoy les queda poca energía al final del día para disfrutar con plenitud de su faceta de amantes, ni tampoco de gozar de su maternidad con calma. La ley marca dieciséis semanas de baja maternal y con criaturas de cuatro meses se regresa al ruedo, en el mejor de los casos. Hay tantas imposiciones que las mujeres, para no perder la batalla en la que están inmersas, sangran de mil formas. Estrés, angustias, insomnios, erupciones o síntomas externos de todo tipo esconden dolores internos que, tomando pastillas, no logran mitigar. A menudo conviven con una sensación de derrota permanente porque no alcanzan a todo. Ser profesionales en el entorno laboral, lucir impecables de pies a cabeza, organizar la logística doméstica, atender a la educación de los hijos, ser sexualmente activas, acudir al gimnasio, y un sinfín de tareas más. Estamos muy bien entrenadas para estar en la acción, y en especial centradas en el hacer para los demás, se llamen jefes, autoridades, familiares, casa, cocina o mascota. De tanto hacer, nos olvidamos de nosotras. En la realidad cotidiana, en cualquier familia con madre trabajadora podríamos dibujar a diario una amazonomaquia del siglo XXI. A las mujeres de hoy les falta llama, y ya ni se preguntan qué sentido tiene nada de lo que hacen. Por ese motivo, su fuego interior se apaga. Las adiestraron para una guerra equivocada. El cuerpo no puede más, y el espíritu se ha olvidado. Pretender competir contra ellos, ganarles, aventajarlos o sustituirlos nos deja sin aliento y no nos lleva a ningún lugar. Quizá no se trataba de eso. ¿Qué modo de hacer y de ser permitirá armonizar los atributos masculinos y los femeninos? ¿Cómo honrar lo femenino colectivamente? En lugar de armaduras, pactos. En lugar de rivalidad, equilibrio. En lugar de actos heroicos, humanidad. Frente a la rentabilidad, la compasión.

Figura 1. **Sacerdotisa de Delfos.** John Collier, 1891.
Art Gallery of South Australia, Adelaida

6. LAS SIBILAS: LA PROFECÍA

«De hecho, la voz no es la de un dios,
ni tal es la expresión, dicción o verso,
sino que todo ello pertenece a una mujer;
el dios pone en su espíritu solamente visiones
y enciende una luz en su alma
que le hace ver el futuro; pues la inspiración
es siempre esto».

PLUTARCO, MORALIA, 397D

SABER QUIÉNES FUERON LAS MISTERIOSAS Sibilas que tenían el poder de vaticinar el futuro es algo que siempre nos
ha atraído. La posibilidad de que alguien avance acontecimientos, y con sus presagios disipe las dudas que provocan
nuestras inquietudes, ejerce un cierto hechizo en nosotros.
El don de la profecía en el mundo clásico lo concedía principalmente el dios Apolo. Esta divinidad eternamente joven
infundía lo que los griegos llamaban *manía* o locura sagrada
para transmitir sus visiones. Las Sibilas eran esencialmen-
te sus sacerdotisas, como las define Grimal, encargadas de
enunciar sus oráculos. Heráclito o Platón hablan de una sola
Sibila, pero otros autores enumeran más: cuatro, diez, e incluso doce, como doce apóstoles femeninos de la Antigüe-

dad. Se podían encontrar Sibilas en los templos, pero también en cuevas, grutas o cerca de corrientes de agua.

Cuando nos sentimos perdidos necesitamos ayuda: profetas, ángeles, guías, promesas, demiurgos, Sibilas. Alguna respuesta a las preguntas que nos producen tanta angustia. Una escapatoria a nuestros callejones sin salida. Hemos heredado precisamente del griego el término que define esa sensación de no tener salida: *aporía*, de *a-poros*, «sin camino». En el momento de topar con paradojas irresolubles, con bloqueos interminables, con angustias asfixiantes, intentamos recurrir a algo superior. Nos vemos acuciados a buscar más allá, en otras regiones. Pero, como bien describe Kingsley,[*] «las palabras de los oráculos son como semillas, preñadas de sentido, con unas dimensiones de significado que solo con el tiempo resultan evidentes».

Dispersos por toda la geografía griega había miles de templos y santuarios, aunque solo algunos emitían oráculos. En ellos se podía escuchar la voz de los dioses canalizada a través de un intermediario. Infinidad de mitos se desarrollan a partir de «lo que el oráculo dijo», porque lo que decía el oráculo era profecía. La adivinación era una parte importante de la religión. Los antiguos griegos tenían creencias muy profundas, pero su religiosidad, sin dogma ni doctrina, se nutría con otro tipo de prácticas que desde nuestra mirada actual no siempre son fáciles de comprender. En una sociedad sin libros sagrados, el decir de los oráculos era una sentencia de los mismos dioses.

Apolo concedía la inspiración a personas que él elegía y gracias a esta concesión podían adivinar el futuro, rescatar

* Kingsley, Peter. *En los oscuros lugares del saber*. Vilaür: Atalanta, 2010, p. 35.

el pasado, dilucidar el presente. Estos poderes se aprecian en distintos personajes míticos, como la princesa troyana Casandra, que tiene la capacidad de adivinar, pero está condenada, por un enfado del mismo dios, a que sus profecías sean ignoradas, por lo que nadie la escuchó cuando predijo el fin de su ciudad. En *La Ilíada* también aparece un agorero, Calcante, que conocía lo que había sido y lo que iba a ser. En *La Odisea* el adivino ciego es Tiresias, quien revela a Ulises lo que le deparará el futuro.

El dios Apolo, el de la voz profética, había fundado oráculos por toda la geografía griega, algunos muy prestigiosos, como los de Claros y Dídima, en la costa de Asia Menor, los de Argos o Tebas en el continente, o Delos, su lugar de nacimiento, en las islas. Su padre, Zeus, era el otro gran patrón de la adivinación, la cual no siempre procedía de las palabras susurradas por una mujer en estado de trance. En la Antigüedad hubo muchísimos métodos adivinatorios. Nunca dudaron de la posibilidad de presagiar acontecimientos a través de señales de todo tipo, sueños, lenguajes sutiles que creían directamente enviados por los dioses.

De los diferentes santuarios oraculares de la antigua Grecia, el más popular fue –y es– el oráculo de Delfos, situado en una zona montañosa con vistas al golfo de Corinto. Elevada, porque para llegar a los emplazamientos con categoría de sagrados, simbólicamente, hay un camino de ascensión. Subir para alcanzar cúspides, ya sea de una pirámide, de un zigurat, de un campanario, de un minarete, de una pagoda. Subir montañas naturales donde han habitado los espíritus desde siempre: el monte Ararat, donde se posó el arca de Noé cuando cesó el gran diluvio; el monte Sinaí, del que descendió Moisés con las tablas de la ley dictadas por Yahvé; el monte Fuji japonés, el monte Meru indio, o para acceder al Machu Pichu en Perú o al palacio Potala en el Tíbet. Hay que subir desde la tierra para acercarse a ese cielo donde moran los dioses. El cuerpo asciende para que el espíritu se eleve, como el humo del incienso en las ceremonias, buscando las nubes.

Delfos se alcanza solo subiendo, como afirmó Pedro Olalla. Desde la costa o desde Atenas, los peregrinos tenían que ir venciendo el desnivel. En la búsqueda de las grandes respuestas se requiere superar una pendiente acentuada; forma parte del proceso. El santuario de Apolo estaba situado en las faldas del monte Parnaso, una de las cumbres míticas donde moraban las musas. Los habitantes del lugar habían sentido la presencia de una fuerza telúrica en esa zona desde los tiempos más remotos. Ningún santuario está emplazado en un punto trivial, hay siempre un significado, un motivo, un sentido; es allí donde se respira el perfume de lo sagrado. Una vez se llega a Delfos, se percibe que el entorno tiene algo de sobrecogedor. Paredes de piedra viva, águilas sobrevolando las rocas Fedríades (cuyo significado es «brillantes»), altos pinos, cipreses apuntando al cielo, y un manto de olivos con hojas de plata que el viento agita bajo el implacable sol griego. Puro Mediterráneo. El valle vibra con incesantes destellos en movimiento. Cuando Zeus mandó dos águilas a los confines de la Tierra para comprobar dónde se cruzaban, ocurrió justo allí, donde situaron el *ómphalos*, ese montículo de piedra que indica el centro del mundo, el ombligo de la tierra, en analogía con el de nuestro cuerpo que nos vinculaba a la madre dentro del útero.

Existen muchos lugares con un magnetismo especial que se han considerado espacios sagrados, entre otras cosas, porque la orografía del paisaje ha causado fascinación desde siempre. Montserrat, en Cataluña, con su morfología redondeada, o Pammukale, en Turquía, donde se encontraba el santuario de Hierápolis. Según Shinoda Bolen, cuando visitamos estos lugares, ellos nos afectan a nosotros, y nosotros despertamos su energía aletargada.

En las culturas mesopotámicas eran célebres los conocimientos sobre astrología, y también en sus santuarios se daban adivinaciones del porvenir, pero solo los dioses griegos pronunciaban oráculos. Delfos empezó a funcionar sobre el siglo VIII a.C., fecha en que se datan las obras de Homero, y estuvo activo hasta época romana. Nos han hablado de él Plutarco o Pausanias, y aunque ellos no lo vivieron en su mejor momento, su testimonio nos permite evocar su grandeza. Allí habían acudido delegaciones de ciudades, gobernantes y personas de toda condición en busca de un presagio que les ayudara a continuar o a tomar decisiones importantes sobre empresas arriesgadas. El nombre de Delfos –aunque hay varias versiones sobre su origen– procedería de delfín, el animal en que se convirtió el dios Apolo para ir en busca de los primeros moradores de su santuario oracular.

La leyenda cuenta que, en un tiempo remoto, antes de la llegada de los olímpicos, ese lugar estaba regido por Gea, diosa madre, asimilada a la Tierra. Esa gran diosa de tiempos arcaicos era todavía recordada mucho tiempo después, como se aprecia en el inicio de las *Euménides* de Esquilo: «Honren mis preces ante todo de entre los dioses a Gea, la primera profetisa». Con ella convivía la gran serpiente Pitón, de intensa fuerza telúrica, poseedora del saber. Apolo tuvo que combatir con esta «dragona voraz» –como aparece citada en los *Himnos homéricos*– para apoderarse del santuario. La venció con flechas, puesto que él y Ártemis eran los célebres hermanos arqueros. Una imagen arquetípica, el héroe masculino en la lucha contra una serpiente, relacionada con la tierra, porque se arrastra por el suelo, y con lo femenino, porque muda la piel en un ciclo de renovación –como la menstruación renueva la posibilidad de fecundación–. Apolo la sometió y se convirtió en dueño y señor del recinto apoderándose de su sabiduría. El dios sol por encima de la madre tierra. Esta joven divinidad solar y olímpica que se convertirá en el patrón del santuario oracular más importante de Grecia será citado a menudo como «Apolo Pitio», señor de la rocosa Pito, tal como Homero lo designaba. Del mismo modo, a la sacerdotisa de Delfos se la conocerá con el nombre de «Pitia» y los juegos que se celebraron allí cada cuatro años fueron llamados «píticos», unos certámenes que, junto con los Juegos Olímpicos –de Olimpia–, fueron de los más relevantes. Uno de los acontecimientos principales en los grandes Juegos Píticos era un concurso de flauta. El tema musical era una pieza descriptiva que trataba de representar el combate entre el dios y el monstruo Pitón –como nos relata Estrabón–. De *Pythó* derivará el término *pitonisa*, que todavía utilizamos para referirnos a las mujeres con capacidad para leer el futuro.

Después de matar a la serpiente, Apolo se sometió a una cuidadosa purificación. Con ese gesto, el propio dios daba ejemplo, y el lugar se convertía en el espacio para la purificación de las almas. Se exigía severamente que los crímenes de sangre fueran lavados. Con ese imperativo ritual se daba el debido respeto a la vida humana. Antes de entrar en cualquier santuario, la purificación era necesaria, el fiel debía penetrar sin mácula. Y dentro del recinto sagrado estaba prohibido todo aquello que pudiera producir algún tipo de contaminación o *míasma* como, por ejemplo, las relaciones sexuales. El espacio que separaba lo sagrado de lo profano estaba perfectamente delimitado y, en general, solo se podía acceder a él por una entrada donde se colocaban pilones de agua para la purificación. Todavía en nuestras iglesias católicas lo primero que se encuentra el devoto es la pila con agua bendecida con la que debería santiguarse, una señal de la cruz rápida, como un nuevo y fugaz bautismo, para entrar simbólicamente limpio a la ceremonia en el templo. En el islam, las abluciones de los fieles antes de la oración son imprescindibles. La actitud nos predispone. La intención prevalece. En la religión de muchos pueblos ha existido ese acto simbólico que pretende purificar.

La sacerdotisa de Delfos también debía purificarse antes de cada consulta. Se dirigía a la fuente Castalia para realizar abluciones rituales, ya que debía estar inmaculada para acercarse a la divinidad. La Pitia era una mujer elegida entre todas las muchachas de Delfos por la candidez de sus costumbres, nos cuenta Eurípides. En el momento que pasaba a ser la profetisa debía vivir prácticamente aislada. Su existencia era muy dura, puesto que se la condenaba a una vida solitaria y penosa con tal de garantizar su castidad. Inicialmente, las muchachas escogidas eran vírgenes, puesto que se consideraban las más adecuadas por su pureza física y su inocencia. Pero la belleza de esta juventud parece que provocó incidentes desafortunados. Cuenta Diodoro Sículo que un consultante raptó a una de ellas y la violó. Después de este escándalo, se decretó que la Pitia debía tener más de cincuenta años, aunque siguiera llevando ropas de muchacha en recuerdo de las antiguas doncellas. En el Museo Arqueológico de Nápoles se conserva un ánfora que representa a la Pitia con cabellos blancos, figura inspirada en la tragedia de Esquilo donde se habla de «una vieja asustada». Plutarco, que fue sacerdote de Delfos, sostiene que la Pitia procedía de una de las familias más respetables del lugar y que con su inexperiencia se aproximaba al dios con el alma virgen.

Después de las abluciones en la fuente, en el momento de iniciarse la consulta, un cortejo de sacerdotes y consultantes acompañaba a la Pitia hacia el templo. Allí atravesaba la entrada (*prónaos*) y la gran celda principal (*naós*), hasta llegar al lugar más recóndito. En cada templo o espacio sagrado hay una estudiada disposición, donde todo es simbólico. Adentrarse en él es ir traspasando capas, rasgando velos. En el Templo de Jerusalén había un sanctasanctórum donde dos querubines alados custodiaban el arca de la alianza que contenía las tablas de la ley. Desde el pórtico de la entrada hasta el arca había un camino que no todos podían realizar. Una sola persona –el sumo sacerdote–, en un único día del año, podía acceder al arca. En nuestras iglesias también hay una estructura. La planta es una cruz, como un cuerpo humano con los brazos extendidos. El altar está en el lugar del corazón, donde se producen las transformaciones que nos acercan a la divinidad. Accedemos por los pies, donde está la puerta. Las celebraciones más solemnes se llevan a cabo en determinados días del ciclo anual, como Navidad o Semana Santa. El entorno se engalana para sacralizar con detalles que tienen mucho significado si se conoce su origen.

En los templos griegos se alojaba el dios. En el caso de Delfos, Apolo, durante la mayor parte del año, y Dioniso, en los meses de invierno. En la decoración de los frontones del templo délfico –el que fue destruido por un terremoto en el s. IV a.C.– estaban representados, por un lado, Apolo, rodeado de las musas, mirando hacia oriente, donde nace el sol, y, por el otro, Dioniso, con sus Ménades, encarado a occidente, hacia el ocaso. La danza entre lo apolíneo y lo dionisíaco quedaba sugerida en la decoración de las partes más visibles del tímpano. Día y noche, luz y oscuridad, mente y cuerpo, razón e irracionalidad. El templo, situado en la parte alta del santuario, dominaba todo el recinto sagrado. Se debía ascender por la serpenteante vía sacra para alcanzar el rellano donde se había erigido.

El oráculo no estaba permanentemente a disposición de los consultantes. Había un calendario estipulado. En la época más antigua, la Pitia profetizaba únicamente una vez al año, en el aniversario del nacimiento del dios, en primavera. Las fuentes hablan del día 7 del mes *Bisio*, que equivaldría a marzo o abril. Posteriormente, ante el incremento imparable de la demanda, se accedía una vez al mes, en el día 7. Apolo es el dios pítico, délfico, délico –porque nació en Delos– y séptimo. El laurel es su árbol; el cisne, su pájaro; la lira, su instrumento; y el siete, su número. Cada séptimo día del mes, el oráculo de Apolo se abría, con excepción de los meses de invierno, cuando se marchaba al país de los hiperbóreos y su hermano Dioniso ocupaba su puesto.

Lo que ocurría en el templo para que el oráculo se manifestara sigue siendo un misterio. Como describieron los arqueólogos franceses cuando excavaron en Delfos, la última Pitia se llevó consigo su secreto. Se deduce que esta mujer actuaba como una médium entre el dios y los humanos. Se han formulado muchas hipótesis sobre cómo podía alcanzar ese estado de delirio para poder ofrecer los vaticinios a los consultantes. Parece que la Pitia se sentaba en un trípode de bronce que se instalaba sobre una grieta, de la que procedía una emanación, una especie de *pneŷma* (pneuma) –como lo definen Diodoro o Plutarco–. Inhalando el misterioso efluvio, entraba en un estado alterado de consciencia, o de cierta ebriedad, que supuestamente la llevaba a un éxtasis en el que establecía contacto con la divinidad.

Si el estado de trance de la Pitia venía provocado por masticar hojas de laurel, o aspirar los humos de las fumigaciones con laurel y la harina de cebada, no es posible saberlo. A la Pitia délfica no la veía nadie en los momentos de trance. Estaba escondida en la zona del *ádyton*, el lugar más recóndito y sagrado del templo. Esa locura sagrada infundida por el dios era denominada *manía* y el poder adivinatorio, *mantiké* –de donde procederá nuestra palabra «mántica»–. Al no existir ningún rastro documental sobre lo que realmente ocurría en ese espacio, es complejo hallar imágenes que lo representen. Los artistas han tenido que hacer un esfuerzo de imaginación a partir de los datos que se conservan. John Collier (Fig. 1) recreó a la sacerdotisa en pleno trance, con una tela de color rojo intenso cubriéndole la cabeza, con los ojos cerrados, poseída por la supuesta inhalación de los humos que pintó sutilmente ascendiendo de la grieta en formas ondulantes. La figura femenina joven, con un hombro al descubierto, está sentada sobre el trípode dorado, visiblemente descalza, sujetando una rama en la mano izquierda, y un cuenco en la derecha, quizá con la harina de cebada mezclada con agua o con algún otro tipo de brebaje que ayudase a inducir el trance. Se conserva una pieza de cerámica del siglo v a.C. (Fig. 2) con un

Figura 2. **El rey Egeo frente a la Pitia.**
Kílix ática de figuras rojas,
440-430 a.C.
Altes Museum, Berlín

esquema muy similar, donde la Pitia está sentada en el trípode, también con una pequeña rama de laurel y un cuenco. Está separada del consultante, por una columna dórica, lo que nos indica que los personajes se hallan en el interior del templo. En este caso es el rey ateniense Egeo, barbudo y coronado con hojas, el que ha solicitado preguntar al oráculo y mira expectante a la mujer. Parece que su deseo era tener un hijo. Las inscripciones de los nombres han permitido identificar que quien está actuando como Pitia es Temis. La figura femenina que ejerce el vaticinio, pues, es *Themis*, maestra de la ley divina, que según algunas fuentes recibió el oráculo de su madre Gea y se lo pasó a Apolo.

La Pitia, en el momento que recibía la sagrada inspiración de Apolo, no podía tener los sacerdotes del santuario a su lado físicamente. Estos solo alcanzaban a escuchar lo que murmuraba cuando había sido poseída por el espíritu del dios, y entonces se apresuraban a transcribirlo para entregarlo por escrito a los consultantes en forma de versos hexámetros. La ambigüedad de los mensajes constituía un enigma por sí mismo. Un mensaje sibilino es, todavía, algo muy misterioso y oscuro. El oráculo nunca se equivocaba. A diferencia de la participación en los misterios, en los cuales estaba prohibido revelar lo que acontecía en cada ritual, los consultantes de la Pitia podían explicar con toda libertad su experiencia en Delfos, y su fama creció hasta alcanzar tanta afluencia que tres mujeres distintas actuaban como Pitias para poder atender todas las peticiones.

Delfos se convirtió, pues, en un «lugar de gracia» –en palabras del historiador Jacob Burkhardt– que atraía de cerca y de lejos a los mortales esperanzados o preocupados. El oráculo fue interrogado por lidios, ítalos, frigios, y hasta por los cartagineses. Proporcionaba algo irremplazable: la voz del mismo Apolo. Si un dios hablaba, los ánimos, individuales y colectivos, se serenaban. Cualquiera que deseara preguntar debía pagar un impuesto. Primero se trataba de una ofrenda, llamada *pelanós*, una especie de torta consagrada que Eurípides nombra en su *Ion*. Eso daba derecho a aproximarse al altar donde poder realizar el sacrificio de algún animal. Con el tiempo, el impuesto derivó en un pago fijado por los sacerdotes, que recaudaban distintas sumas en función de si se trataba de un consultante privado o público. Las tarifas podían variar. Incluso estando dispuesto al pago de cualquier cantidad, antes de poder obtener la respuesta oracular debía comprobarse si el dios consentía la interrogación, y eso solo se sabía si el animal que se sacrificaba en el altar estremecía todos sus miembros. Si el momento era propicio, se procedía a introducir ceremonialmente a la Pitia en el templo.

Delfos alcanzó un desarrollo extraordinario y tuvo un carácter muy singular que lo distinguía de otros santuarios oraculares. Las ricas ofrendas votivas que se fueron acumulando requirieron la construcción de casas del tesoro separadas, cuyos restos todavía se pueden ver hoy en la subida por la vía sacra. Estas continuas ampliaciones subrayan la importancia de este centro espiritual panhelénico. El recinto también conserva parte del teatro y del estadio, puesto que la religiosidad griega siempre iba acompañada de certámenes poéticos, juegos y competiciones, lo que ellos llamaban *agones*. Como lugar de peregrinación tan frecuentado, por locales y extranjeros, se acabó creando toda una burocracia. Se otorgaron privilegios y prioridades varias para configurar un orden jerárquico en la cola de interrogatorios al oráculo. Un dato relevante es que las mujeres no podían consultarlo personalmente, sino que debían hacerlo mediante otra persona. La médium era mujer, los sacerdotes y los consultantes, hombres.

Más antiguo que Delfos era el oráculo de Zeus en Dodona, en la región del norte. Su encina sagrada, algunos dicen que «parlante», era en este caso el elemento natural clave para la adivinación. Situado en la zona ventosa y fría del Epiro, se ha interpretado que se podría llevar a cabo la adivinación por el sonido de las hojas de los árboles sacudidos por el viento. El árbol también es un *axis mundi*, un eje del mundo, símbolo fundamental que señala el lugar de contacto entre cielo tierra, y estaba presente en muchos santuarios. En la Acrópolis de Atenas estaba el olivo, vinculado a la diosa

Atenea. Un sauce en el santuario de Hera en Samos. En Delos, una palmera, sobre la cual se apoyó Leto –la madre de Apolo y Ártemis– para dar a luz a los gemelos. En Dídima, el laurel de Apolo. La encina de Dodona era considerada muy antigua. Allí también se practicaba la adivinación a partir del sonido emitido por el contacto de bronces. Con el choque del metal se producían vibraciones consideradas mágicas, puesto que se prolongaban indefinidamente amplificadas por el viento. «La vasija que nunca calla», dijo Calímaco.

Los que tenían poderes para augurar solían saber descifrar señales de la naturaleza. Sabían cómo hacer la lectura de las entrañas de un animal *(hieroscopia)*, o interpretar el vuelo de las aves (*ornitomancia*). Esta técnica también era practicada por los druidas. Cicerón habla de un gálata cuyas aves adivinatorias eran el águila y el cuervo. Esta casta intelectual del mundo celta, equiparable a los brahmanes hindúes, era muy respetada en sus tribus por su sabiduría. El término «druida» ha sido a menudo traducido como «el que tenía el conocimiento del roble». Con una herramienta especial, una pequeña hoz dorada (*golden sickle*), podían rascar la superficie de los troncos y obtener de las plantas sus beneficios. El ritual del roble y el muérdago era una ceremonia religiosa celta que se conoce por la *Historia Natural* de Plinio el Viejo, donde cuenta cómo los druidas, vestidos de blanco, trepaban a un roble sagrado, cortaban el muérdago que crecía en él, sacrificaban dos toros, también blancos, y utilizaban la planta para hacer un elixir que tenía propiedades sanadoras. «… este muérdago –relata Plinio el Viejo– se encuentra muy raras veces y, cuando se ha descubierto, se recoge con gran veneración y, ante todo, en el sexto día de la luna, que para

ellos constituye el comienzo de los meses y de los años».*
Los druidas no ejercían únicamente funciones religiosas,
eran también poetas, maestros, filósofos, jueces, astrólogos y
sanadores; y entre ellos había algunas mujeres, las druidesas.

Las Sibilas son un tipo de adivinas muy cercanas a la Pitia
délfica, como afirma el profesor David Hernández. Aparecen citadas en fuentes griegas y romanas. Se conoce una sibila de Delfos llamada Herófila que, según Heráclito, también
profetizaba el porvenir con boca delirante. Procedía de Asia
Menor, de la región de la Tróade, y había nacido antes de
la guerra de Troya, con lo que predijo la ruina de Asia y de
Europa por esa contienda provocada por una mujer criada
en Esparta. Era un personaje semidivino, puesto que nació
de la unión de una ninfa y un mortal, un pastor del monte
Ida. Antes de llegar a Delfos había estado en Claros, Samos
y Delos, y en todas partes profetizaba. Al parecer, para alcanzar sus momentos de *manía* o locura divina, se sentaba
en una piedra que siempre llevaba consigo. Pausanias habla
de un himno escrito por Herófila donde se califica a ella
misma de esposa, hermana e hija de Apolo. El profesor de
la Sorbona Robert Flacelière llegó a la conclusión de que la
antigua Sibila se convirtió después en una Pitia, una sacerdotisa subordinada a los sacerdotes de Apolo.

En Babilonia se encontraron rastros de Sabe, una Sibila
de origen hebreo. En Italia, hay testigos de la Sibila de Cumas, que vivía en un antro, en la zona de Campania, donde
custodiaba los conocidos «libros sibilinos». Y los romanos,
el pueblo más práctico y metódico de la historia, también

* Plinio el Viejo, *Historia natural*, XVI. 95.

tuvieron necesidad de consultarlas en momentos de duda. Cuenta la leyenda que la Sibila cumea imploró a Apolo vivir tantos años como partículas de arena cupiesen en su mano, solicitud que le fue concedida. Pero se olvidó de pedir la eterna juventud, con lo que sufrió lo que Detienne califica como una «agotadora inmortalidad», porque su extenuante vejez la dejó demacrada y consumida hasta alcanzar el tamaño de una pulga. Terminó pareciendo una cigarra, y la encerraron como un pájaro en una jaula, colgándola en el templo de Apolo de Cumas. Los niños le preguntaban: «Sibila, Sibila, ¿qué quieres?». Y ella respondía: «Morir». Roma acuñaría denarios con el perfil de la Sibila de Cumas porque se la relacionaba con los libros sibilinos que ejercieron gran influencia

Figura 3. **Sibila délfica.** Miguel Ángel, 1508-1512.
Fresco. Capilla Sixtina, Vaticano

en la religión romana. En *La Eneida*, Virgilio describe el antro de la Sibila en Cumas y la convierte en guía de Eneas en su descenso a los Infiernos.

A diferencia de otras figuras femeninas mitológicas, las Sibilas no pertenecen únicamente al imaginario del mundo grecorromano, sino que se recogieron en el mundo cristiano, puesto que se interpretó que fueron ellas también, con sus poderes visionarios, las que anunciaron que habría un rey que introduciría el reino de Dios. En la misa del gallo, todavía, en Mallorca y en otras localidades de las islas Baleares y la costa levantina, se celebra un drama litúrgico ancestral que tiene como protagonista el canto de la Sibila, el célebre canto del *Dies irae*, introducido en 1249 en el oficio de difuntos, donde se narra que el rey David, con la Sibila, anunció el fin del mundo.

Se calcula que los oráculos de las Sibilas duraron más de mil años y desempeñaron un papel muy importante entre los oráculos escritos. Sin duda, las Sibilas más famosas en la historia del arte universal son las que Miguel Ángel pintó al fresco en el techo de la Capilla Sixtina, alternadas con los profetas. Eran la versión pagana de los patriarcas del Antiguo Testamento. Miguel Ángel hace confluir en esta capilla la cultura clásica –presente en el neoplatonismo de la corte de los Médici– con el cristianismo. De ese modo, todas las escenas recreadas por sus pinceles en virtuoso cromatismo serán un mensaje universal. Las Sibilas escogidas son cinco, representadas como mujeres de brazos robustos, con pronunciadas torsiones de cuerpo, sujetando libros enormes, o rollos desplegables, que hacen referencia a los textos proféticos. La Sibila délfica, probablemente la más joven de todas las representadas en la cúpula, fue la primera que Miguel Ángel ejecutó. Su bello rostro nos recuerda a las vírgenes que él mismo pintó anteriormente en la Toscana. Tiene el cuerpo girado a la izquierda y su mirada desviada hacia el lado opuesto, mientras desenrolla el pliego que contiene la codiciada profecía. Miguel Ángel, el supremo creador del Renacimiento, se consideraba a sí mismo un escultor y sus figuras pintadas también gozan de una corpulencia escultórica indiscutible. John Berger sostiene que estas figuras no son mujeres, «son hombres ataviados con ropajes femeninos».

A todos nos gustaría tener el poder de ver el futuro con antelación, el nuestro y el de los demás. Pero la máxima del oráculo de Delfos, labrada en piedra, era el famoso «conócete a ti mismo» –en griego, *gnóthiseautón*–. Para los griegos, según Nilsson, conocerse consistía en tomar consciencia de que eran hombres, no dioses. Conocer tus límites, saber de qué estás hecho. Es una idea presente en la mayoría de las tradiciones: si no te conoces a ti mismo, no conocerás el universo. Ante las dudas que nos asaltan en momentos intensos de nuestra propia historia, sobre qué hacer, por dónde seguir, qué camino escoger, a veces nos bloqueamos, nos asustamos. Un sentimiento de inquietud nos invade en las encrucijadas, afirmaba Yves Bonnefoy. Necesitamos entonces mediadores, seres que atraviesen fronteras que no logramos sobrepasar para obtener ese acceso al mundo del espíritu «transhumano», como Eliade lo denominaba. Depositamos nuestra confianza en aquellos que parecen tener más conocimiento, más dones, más visiones, o bien un contacto con lo *sobre-natural*. Ha sucedido siempre. Sobrevive ese «inmortal anhelo» que

Juan Ramon Jiménez hallaba en la poesía como expresión del alma humana.

Las sociedades modernas están despojadas de rituales catárticos y de símbolos colectivos. Estamos educados para centrarlo todo en la mente. Somos hijos de la Ilustración y el racionalismo. El inconsciente de cada ser humano, desatendido, pide a gritos contactar con lo sutil. En especial cuando, por algún motivo, estamos muy sensibles y nos notamos al límite, entonces parece que cualquier palabra pueda constituir un consuelo, o una señal. No sabemos a dónde acudir para obtener pistas sobre la existencia y sobre su sentido. Desde los tiempos más remotos, los humanos han sentido que lo divino necesitaba un lugar, por eso ante un gran robledal seguimos teniendo la sensación de bosque sagrado; dentro de una gruta, sentimos que nos hallamos en el útero de la tierra, y dentro de un templo, de cualquier religión, percibimos que hay una harmonía que nos traslada. Quizá, como supone Tea Schuster, hoy el habitáculo debería ser el ser humano.

Nadie mejor que nosotros conoce nuestra esencia, ni se puede enfundar en nuestra piel para saber lo que realmente queremos o sentimos. Todo se remite a uno mismo, como ya decía el filósofo Alan Watts. Si no tomamos el pulso de nuestras propias emociones, somos unos desconocidos; entonces nos convertimos en seres volubles y cualquiera tendrá mucha ascendencia sobre nuestras vidas. Dependeremos de sus juicios, de sus sentencias, de sus valores, en lugar de dejar emerger los nuestros. Intentamos agradar a los demás, evitar el rechazo y el olvido, y buscamos reconocimiento y autoridad en otros. Si no hay certezas en ti, eres mendigo de respuestas, de opiniones y de afectos. Podemos empezar escuchando a los poetas de todos los tiempos. «A distinguir me paro las voces de los ecos, y escucho solamente entre las voces, una», decía Machado. Una voz, la tuya, la de tu Sibila.

Conocerse implica tomar como guías a las emociones, las buenas y las malas, las propias y las que nos vienen impostadas. Nos envían señales constantemente, nos expresan qué nos gusta o nos disgusta, qué nos amenaza, qué nos alegra. Recorren todo nuestro cuerpo. Nos provocan taquicardias, palpitaciones, nos encogen el estómago, nos hacen fruncir el ceño, contraer la espalda. Pueden llegar a tener tal fuerza que se lo llevan todo por delante. La ira nos enciende, la tristeza nos hunde, la alegría nos expande, el miedo nos paraliza. Los antiguos sabían que era inútil resistirse a ellas, y por eso las atribuían a dioses y poderes superiores. Ellas nos hacen vivir, y a través de ellas se expresan temas esenciales para cada uno de nosotros. Como diría Leslie Greenberg, la emoción aumenta la velocidad del aprendizaje, porque marca lo que no se puede olvidar. Efectivamente, cuanto más intensa ha sido una emoción, más a fuego ha quedado grabada. En el momento en que logras observarlas como espectador de ti mismo, solo entonces es cuando se transforman. Ahí nos ponemos en contacto con nuestra Sibila, ahí se toca terreno oracular. Lo que nos define no es lo que nos ha sucedido en la vida, sino lo que hemos hecho con ello, si es que hemos logrado transformarnos y hacer algo. La Sibila te diría: «Sigue lo que te hace vibrar.» El resto es responsabilidad nuestra.

Figura 1. **Circe ofreciendo la copa a Odiseo.**
John William Waterhouse, 1891.
Gallery Oldham, Oldham

7. CIRCE:
LA SEDUCCIÓN

«Dentro de un valle y en lugar visible descubrieron el palacio de Circe, construido de piedra pulimentada. En torno suyo encontrábanse lobos montaraces y leones, a los que Circe había encantado, dándoles funestas drogas; pero estos animales no acometieron a mis hombres, sino que, levantándose, fueron a halagarlos con sus colas larguísimas».

HOMERO, LA ODISEA, CANTO X, 210-215

CONOCEMOS A LA HECHICERA CIRCE por ser uno de los personajes femeninos más seductores de *La Odisea* con los que Ulises tendrá que lidiar durante su *nóstos* o camino de regreso a casa. Aunque también desempeñará un importante papel en la aventura de los Argonautas, es su encuentro con Odiseo –del griego Odiseo derivará el nombre latino *Ulixes*– el que va a trascender de esta atractiva bruja que podía convertir a personas en animales con un simple toque de vara, poder que resultaba aterrador y fascinante a la vez. Afirma Pierre Grimal que Circe convertía a cada cual según la tendencia de su carácter y naturaleza. Sería todo un ejercicio imaginar en qué animal se nos podría convertir a cada uno de nosotros en función de nuestra personalidad y también de nuestros rasgos físicos. Tenemos muchas expresiones coloquiales para referirnos a características físicas como melena leonina, nariz de loro, andar de pato; o a nuestro talante: el tiburón de las finanzas, ir a paso de tortuga o ahorrar como una hormiga.

La maga Circe encarna a la seductora como iniciadora. En el largo viaje de vuelta hacia el hogar –y en el viaje de la vida– se produce el encuentro con lo femenino, que logra empujar al héroe más allá de sus límites. Cuando las aventuras de Ulises se han llevado al cine, personajes como Circe han sido encarnados por grandes divas, como lo hizo en los años sesenta una magnífica Silvana Mangano caracterizada con un tocado en el pelo que imitaba una estrella de mar. El canon de belleza del Hollywood clásico también fue mítico.

Según el relato homérico, los compañeros de Ulises encontraron el palacio de Circe en un valle en la isla de Eea, situada ante la costa occidental del sur de Italia –quizá en las marismas Pontinas del Lacio, donde todavía existe el monte llamado Circeo–. Su residencia era una construcción lujosa, por donde rondaban leones y lobos que ella había encantado por medio de pérfidas drogas, como nos relata el Canto X de *La Odisea*. León y lobo son animales con mucha carga simbólica en las tradiciones antiguas. El león es un felino solar, emblema de fuerza y nobleza, que se encuentra a menudo custodiando las entradas de ciudades y fortalezas antiguas, como la puerta de los leones de Micenas, la inmensa puerta azul de Ishtar en la mítica Babilonia –hoy reconstruida en el Museo de Pérgamo de Berlín– o el acceso al Palacio de Persépolis, capital del imperio persa. El lobo, en cambio, es un habitante de otras latitudes. Sus ojos ven a través de la noche y aúlla con la luna. La literatura nos ha dejado rastros de hombres lobo, de lobos esteparios –Hermann Hesse– y fue una loba la que nutrió a Rómulo y Remo, fundadores de

Roma. León solar, lobo lunar. Es muy habitual la apropiación del poder del animal a través de su representación. Como afirma Victoria Cirlot, «se fundamenta en la magia inherente a su imagen». Cuando un gran héroe como Heracles ahoga al león de Nemea, se apropia de su esencia. Ya siempre vestirá con sus pieles y tendrá, simbólicamente, su fuerza y su presencia. Con lo cual, la imagen de una mujer altiva dominando este tipo de fieras en el exterior de un opulento palacio con muros de piedra pulimentada, como detalla Homero, es realmente poderosa y perturbadora. Rememora la carta de un arcano del tarot, «la Fuerza», en la que una doncella con un león a sus pies mantiene sin miedo sus fauces abiertas. En la interpretación de Sallie Nichols, la maga de la carta desempeña el papel de la iniciadora, de lo femenino como influencia mediadora entre la consciencia humana y la psique primitiva.

Los artistas de todos los tiempos han recreado con portentosa imaginación ese entorno de la morada de Circe descrito por Homero: el mármol reluciente, la sala del trono, la exuberancia de una isla misteriosa donde no habita nadie más, sus pócimas de hechicera, sus frascos, sus apuntes de ciencia oculta, los animales y, por supuesto, a ella como figura central empoderada. Una *femme fatale* en toda regla.

En *Las Metamorfosis* de Ovidio se describe un atrio recubierto de mármol y unas ninfas que clasifican plantas y flores y las distribuyen en cestos. La gran maga sabe para qué sirve cada elemento natural y cómo deben mezclarse. Esc misterioso quehacer de los brebajes nos indica que ella puede penetrar en lo oculto, en ese saber inaccesible de fórmulas mágicas que era, y sigue siendo, inquietante. Las alquimias secretas de todos los tiempos. El relato homérico quizá sea el testimonio más antiguo de este tipo de prácticas en Grecia. El término que se utilizaba para hablar de sus pócimas es *phármakon* y hacía referencia a la sustancia que lograba extraer con los jugos de las distintas plantas. En griego antiguo también existe la palabra *rizótomos*, para referirse a los que cortan las raíces, una especie de herbolarios, puesto que, de la raíz (*ríza*), se pueden obtener muchos extractos medicinales. En la cerámica griega es habitual que Circe aparezca alzando algún tipo de recipiente, más o menos voluminoso, porque es en él donde fabrica los filtros mágicos que ejercerán efectos letales sobre las personas. Y en la otra mano, puede sujetar la vara, antecedente de la varita mágica, con la que dar el toque necesario para que las metamorfosis se desarrollen.

Ulises es el primero de toda la tripulación que, en una primera exploración, divisa desde muy lejos una columna de humo en medio del bosque alzándose en el cielo de la isla. Al verla se percata de que no es un lugar desierto, hay vida. Es como la imagen cinematográfica del caldero de la bruja en plena actividad. Circe es hermana de Pasífae –reina de Creta– y tía de la maga Medea –princesa de la Cólquide–. Como hijas y nietas del sol tenían unos dones y unos ojos especiales. Parece que toda la estirpe de Helios podía reconocerse por el brillo de sus ojos, que lanzaba un destello semejante al del oro, como indica Apolonio de Rodas. Circe, como Medea, también está vinculada a Hécate, diosa de la luna negra que domina los cruces de caminos, relacionados con las prácticas mágicas. Hécate suele vivir en cuevas, que conectan con el interior de la tierra, y aparece a menudo bajo la forma de un animal, sea de loba, de perra o de yegua, seguida por una jauría aullante. Toda una saga de mujeres rodeadas de misterio por la magia que podían ejercer sobre los humanos.

Circe se distingue por ser una experta *polyphármakos*, puesto que logra hechizar con las mezclas que sabe preparar. Sus poderes se ponen de manifiesto en distintos episodios que no aparecen únicamente reseñados en *La Odisea*. También en *Las Metamorfosis* de Ovidio juega un papel perverso. Ella envenenó las aguas donde se bañaba la ninfa Escila y lo hizo por celos respecto al amor de un hombre, Glauco. El pintor Waterhouse también captó este instante en que la maga está vertiendo el líquido maligno en la cala donde estaba

Figura 2. **Circe Invidiosa.**
John William Waterhouse, 1892.
Art Gallery of South Australia, Adelaida

Escila. Tituló el lienzo *Circe Invidiosa* (Fig. 2), ya que está actuando movida por una emoción visceral. La portentosa hechicera, aparentemente suspendida sobre la superficie del mar, luciendo un largo vestido –con un precioso estampado de tonos azules que refleja la influencia del arte japonés en los pintores europeos del XIX– está mirando fijamente cómo se derrama su poción. Su mirada penetrante tiene mucha fuerza. El veneno, de un color verde brillante, está causando efectos inmediatos, como se observa en los remolinos del agua y las formas reptilianas que se aprecian. Ovidio narra cómo la transformó en monstruo marino «con venenos de hacedores portentos». Por culpa de «los exprimidos líquidos de una raíz dañosa» a la ninfa Escila le crecieron unos perros espantosos de la ingle que, desde la parte inferior de su cuerpo, devoraban cuanto pasaba a su alcance. Así, la convirtió en un monstruo emboscado en el estrecho de Mesina, contra el cual Ulises se enfrentará en un capítulo posterior.

Por otra parte, en la leyenda de los Argonautas se cuenta que su sobrina Medea, también diestra en la elaboración de pócimas, necesitó a Circe para purificarse por el asesinato de su hermano Apsirto. Ese es el motivo por el que se detiene en la isla de Eea. Tiempo después, Medea irá incrementando sus prácticas de bruja. Aludiendo al conocimiento de una poción secreta capaz de rejuvenecer, pondrá al viejo rey Pelias en un caldero hirviendo con el pretexto de devolverle la juventud. También impregnará de veneno el vestido y las joyas destinadas a su rival para vengarse de Jasón e impedir su matrimonio. El artista inglés Frederick Sandys nos presenta una Medea en plena tarea (Fig. 3), vertiendo algo desde un vaso a un pebetero de bronce donde se observa una llama activa, como si estuviera realizando algún tipo de pócima o conjuro. Toda una variedad de ingredientes, propios de brujas, están esparcidos en primer plano: ramas de hojas verdes con pequeñas bayas oscuras, un par de sapos, una gran concha tornasolada que contiene un líquido rojo, un pequeño ídolo –quizá un *ushebti* egipcio– y varios papeles

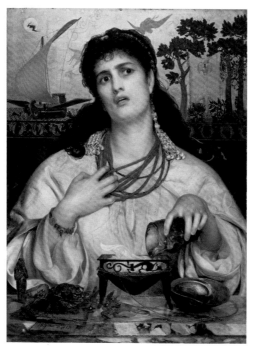

Figura 3. **Medea.**
Frederick Sandys, 1866-1868.
Birmingham Museum and Art Gallery, Birmingham

pequeños donde se intuyen letras, como sortilegios escritos. Un hilo rojizo rodea el pequeño trípode y todo el entorno en forma de circunferencia, como si hubiera creado un círculo mágico donde actuar, y con su mano derecha se toca un collar también rojo conformado por pequeñas bolas. El aspecto de la joven que encarna a la maga Medea nos recuerda a una gitana, con el pelo oscuro, muchos collares y abalorios dorados en su pelo. Parece que el artista se inspiró en una mujer romaní que había conocido.

No hay ninguna figura masculina comparable a Circe o Medea, como sostiene García Tejero: «No hay magos de reconocido prestigio literario» en el mundo griego. Ellas son personajes capaces de ayudar y de destruir, y mantienen con los héroes una pulsión erótica. Con la combinación de fármacos, estas magas conseguían un determinado tipo de encantamiento, pero había otras formas de hechizar. Con invocaciones, con el uso de palabras o cantos, también se conseguía. Canto, como preludio del encanto. Un don también asociado a lo femenino.

El prototipo de hechicera es muy común en distintas culturas. A Circe se la ha comparado con Siduri, figura que aparece en la epopeya *Gilgamesh*, el relato más antiguo que se ha conservado, un milenio anterior a *La Ilíada* o la Biblia. Siduri es la diosa de la sabiduría. Elabora cerveza en su taberna en el confín del mundo y vive en una curiosa cabaña en una isla vecina del océano, por donde se va al Más Allá, como explica García Gual. Ella advierte a Gilgamesh sobre los peligros de las «Aguas de la muerte» en su camino hacia la búsqueda de la inmortalidad.

Isis, la mayor diosa del panteón egipcio, adorada durante miles de años, fue una gran maga. Poseía palabras de poder y de su boca salía el aliento vital. Sus talismanes vencían el dolor y la enfermedad. Los egipcios relacionaban a Isis con la estrella Sirio que, cuando ascendía por el horizonte, anunciaba la esperada inundación del Nilo. La vida se regeneraba en esa franja de tierra negra y húmeda a causa de la crecida del río. Las lágrimas benefactoras de Isis hacían que las aguas se desbordaran, y Egipto entero renacía así cada año. Este ciclo natural relacionado con el cultivo de los cereales se vinculaba con el mito de Isis y Osiris, esposos-hermanos. Se conserva un himno que explica como Isis con sus artes de magia logró calentar y dar vida al cuerpo de su difunto esposo y concebir un hijo. Para hacerlo se transformó en un milano y, batiendo sus alas, se suspendió sobre el falo y engendró a Horus, que nace cuando los brotes surgen del suelo. Isis era invocada como la «rica en magia» y protegía a los niños de picaduras de animales peligrosos, como el escorpión o la serpiente.

También la divinidad galesa Cerridwen poseía poderes mágicos. En su gran caldero se hallaban la inspiración y la sabiduría. Era la diosa de los poetas, los herreros y los médicos. El caldero milagroso está muy presente en distintos pasajes de la tradición céltica, imagen que después derivará en el grial. En el ciclo artúrico es el hada Morgana la que posee dones especiales, para destruir y para curar, y cuando el rey Arturo sufre una herida de muerte, lo lleva a la isla de Ávalon para sanarlo.

Como personajes más propios del folclore, cabe citar a brujas como la vieja Baba Yagá, de tradición eslava, que viajaba en una caldera en forma de almirez que volaba sola, y residía en una casa que se sostenía sobre unas grotescas patas de pollo. La protagonista del cuento popular, Vasalisa, llega a esta extraña cabaña en medio del bosque en busca del fuego. Una vez en la casa de una bruja, siempre hay una ardua tarea que realizar. Vasalisa tiene que apelar a su instinto para superar todas las pruebas a la que es sometida. Se sabe que estas brujas tienen muchos años, siglos tal vez, a pesar de que su aspecto pueda ser de bellas jóvenes en algunos casos. Su ancianidad denota su sabiduría, muchas lunas acumuladas de experiencia. Los calderos son receptáculos, ahí confluyen líquidos, se mezclan, se transforman, se cocinan. Lo femenino asociado a las copas, a los encantamientos, lo que despierta más temor. Estas figuras, con características similares, tan presentes en diferentes tradiciones, son el reflejo de un poder femenino que ha causado fascinación y miedo por igual. Como diría Jodorowsky, los sentidos no tienen límite, pero la moral está hecha de miedos.

Los primeros miembros de la tripulación de Ulises que visitaron a Circe la hallaron tejiendo, una actividad muy común para cualquier mujer griega dentro del hogar. Aparentemente no había ninguna señal para recelar, con lo que penetraron en sus estancias confiados. Solo uno, Euríloco, se quedó cautelosamente fuera de la mansión, extrañado de haber visto que aquellos animales fieros, lobos y leones, parecieran mansos y amaestrados. Circe recibe con amabilidad a esos forasteros y los invita a comer. No tardaron en ser convertidos en cerdos después del banquete al ingerir sin darse cuenta una de sus pócimas. Las drogas y el toque de vara provocaban su cambio de apariencia. El estado animal implicaba también que se olvidaban de su patria. Les borraba la identidad. Cuando uno no sabe de dónde procede, quién es y hacia dónde va, se le ha despojado de su humanidad. Convertidos en puercos de granja, la maga los encerró sin dificultades en sus pocilgas. Conservaron voz y pensamiento humanos, pero su aspecto era de gorrinos. Atrapados en un cuerpo animal. Animalizarse, con muchos matices.

Para que Ulises pudiera deshacer el sortilegio y rescatar a sus compañeros y que estos recuperasen la forma humana –y el sentido de ser un humano–, recibió la ayuda de los dioses, en este caso de Hermes, el mensajero. Le proporcionó una planta de flores blancas llamada *môly*, un antídoto que lo protegería y evitaría que fuera sometido a las malas artes de la ninfa. Ulises llega a la casa de esta misteriosa ninfa en su busca y es atendido inicialmente con amabilidad. Los ritos de hospitalidad, tan valorados, se cumplen con esmero, y por orden de la patrona, el huésped recién llegado es bañado, ungido, vestido y alimentado. Circe pretende convertirlo también en puerco, pero pronto constata que, por algún motivo, ese nuevo visitante es invulnerable a sus hechizos. Se da cuenta de que está ante un ser distinto, un igual. Entonces, Ulises la amenaza con una daga y ella jura no causarle ningún daño. Se han encontrado la parte femenina que levanta «la vara de la transformación» y la parte masculina que esgrime «la espada de la perspicacia», como explicaba Jean Houston.

El cuadro de Waterhouse (Fig. 1) congela ese encuentro entre los dos personajes. La maga aparece en posición central sobre una lujosa silla flanqueada por dos leones dorados con las fauces abiertas agresivamente. Circe está sentada en una especie de trono, como la reina del lugar. Alza los brazos con sus dos armas principales, la vara, larga y oscura, y la copa, con los brebajes. En el suelo, hecho de mosaico –lo que denota el lujo de la vivienda–, están esparcidas flores y plantas, haciendo alusión a los ingredientes para sus pócimas. En un extremo, un pebetero llena de humo y de aroma la estancia. También se advierte la presencia de dos jabalís, que son los camaradas que el héroe ha venido a rescatar. El gran espejo redondo, como una inmensa aureola, nos refleja el resto de la escena, un recurso ingenioso –recordemos *Las meninas* de Velázquez o el *Matrimonio Arnolfini* de Jan van Eyck– donde aparece Ulises con el cuchillo en alto, siguiendo las indicaciones que le ha dado Hermes. También se vislumbran las columnas de piedra de la entrada del palacio, que nos evocan las de los templos griegos, en las que probablemente se inspiró el artista, y una embarcación amarrada a lo lejos, en la parte izquierda, la nave con la que los forasteros han llegado a la isla.

Cuando ambos constatan que nadie puede manipular a nadie, entonces se unen. Una sexualidad sagrada, porque ella es una divinidad antigua y solitaria. El héroe detiene su recorrido durante una temporada en esa pequeña isla, en un paréntesis amable donde los días son apacibles. Como el propio Ulises explica: «hasta la caída del sol, estuvimos saboreando carnes sin parar y bebiendo dulce vino». El idilio amoroso va a retener a los hombres en la isla durante un largo año. Los tripulantes serán de nuevo dotados de forma humana y, una vez liberados del encantamiento que los mantenía a cuatro patas, se sentirán más jóvenes, más apuestos y más altos. En definitiva, mejorados, que es lo que acostumbra a ocurrir después de las pruebas iniciáticas: hemos mejorado espiritualmente, tenemos más luz.

Para que el camino del héroe prosiga, todavía debe superar una prueba difícil: el encuentro con las sombras, el rostro del más allá. Circe, «deidad poderosa dotada de voz», insta a Ulises a bajar al Hades y invocar a los muertos. Ulises quiere regresar a su hogar, se siente nostálgico de su esposa Penélope y quiere proseguir su ruta. La maga se engalana ritualmente para despedirlo en la playa con una amplia vestidura blanca, fina y hermosa, con manto y túnica, con el talle ceñido por un cinturón de oro, y cubierta por un velo en la cabeza. Con solemnidad, le da al héroe indicaciones muy precisas para alcanzar el territorio del inframundo. Debe atravesar con su nave el océano y dirigirse al país de los cimerios –misteriosa región situada en los límites del océano que rodea la tierra, donde reinaba una noche eterna– y, desde allí, llegar a las aguas del Aqueronte. Abrir en la tierra un hoyo que tenga un codo por cada lado. Hacer, en torno al hoyo, una libación a todos los muertos, primero con aguamiel, después con vino y, la tercera vez, con agua, y espolvorear harina. Sacrificar un carnero y una oveja negra. La sangre debe verterse en la cavidad horada en la tierra, y sus compañeros deben quemar completamente a los animales desangrados –lo que se llamaría un *holókauston*– como ofrenda a Hades y Perséfone, los soberanos del inframundo. Cuando sus compañeros reciben la noticia de que, en lugar de partir rumbo al hogar deben visitar el mundo de las sombras, se resisten. «Lloraban y se mesaban los cabellos. Mas ningún provecho sacaron de las lamentaciones». Con la hechicera no se discute, ella es «la que sabe», al igual que cuando nos habla la voz interior, «la que sabe», hay que acatarla. No sirven quejas ni postergaciones. El héroe se caracteriza por la acción sin lamentos.

El canto XI de *La Odisea* narra el descenso de Ulises a los infiernos, la *nékyia,* otro elemento muy reproducido en distintas mitologías. Para los griegos, el alma, que denominaban *psyché,* se separaba del cuerpo al morir. Allí, en el inframundo, habitaban como sombras sin cuerpo. Han abandonado la tierra y ya no tienen carne ni nervios, son espectros. Circe le ha instruido acerca de los ritos que debe cumplir para invocarlos. Una vez ha derramado la sangre, acuden las almas en tropel porque la sangre las atrae, como si estuvieran secas y necesitasen un líquido vivificante. Pero debe apartarlas porque su objetivo principal es escuchar la voz oracular del tebano Tiresias, que conserva su saber a pesar de estar muerto. Tiresias había obtenido el don de la profecía de Zeus después de un curioso incidente. Durante una discusión entre Zeus y Hera sobre quién, el hombre o la mujer, experimenta más placer en el amor, le preguntaron a Tiresias, puesto que este hombre había sido mujer por un período de siete años, con lo cual conocía el comportamiento de ambos cuerpos. Tiresias respondió que sin duda la mujer, ya que experimenta nueve veces más placer que el hombre. Ante tal afirmación, Hera, enfadada, le castigó dejándolo ciego, pero Zeus le otorgó el don de poder profetizar y una larga vida. Este viejo adivino ciego explicará a Ulises lo que le va a suceder en el futuro: llegará a su patria solo, hallará en su palacio una plaga de varones soberbios «que pretenden a su divinal consorte», y morirá lejos del mar con «una muy suave muerte» que le quitará la vida cuando «ya estés abrumado por placentera vejez; y a tu alrededor los ciudadanos serán dichosos».

Después de recibir estas predicciones tan importantes, todavía entablará conversación con muchas almas en ese reino oscuro. Hablará con su madre, Anticlea, y descubrirá que murió de pena por su ausencia, una noticia que hiere su corazón. Como reacción, intenta abrazarla tres veces sin éxito porque las sombras no tienen corporeidad física, no hay abrazo posible sin cuerpo presente. Hablará con toda una galería de mujeres que «fueron esposas o hijas de eximios varones». Seguirá con Agamenón, su antiguo líder en la guerra de Troya, que le confiesa cómo fue asesinado por su propia esposa Clitemnestra. Y a continuación con su compañero Aquiles, que le convence de que no hay consuelo de la muerte y que preferiría ser labrador, y servir a otro, que reinar sobre todos los muertos. Ulises ve muchas cosas más en ese episodio trascendente por la geografía del Hades. Regresa a la mansión de Circe conmovido por esta sobrecogedora experiencia. Formulando sus preguntas ha entrado en contacto con los seres de la otra orilla. Ha aprendido mucho más sobre lo que significan la vida y la muerte. Circe finalmente le dejó partir y le proporcionó los medios necesarios para evitar las trampas del canto melodioso pero maléfico de las sirenas, de Escila y Caribdis…

El personaje de Circe ha resultado siempre extremadamente cautivador por sus dotes de maga. En etapas posteriores, como nos explica Ovidio en sus *Metamorfosis*, convirtió a Pico, rey del Lacio, en pájaro carpintero por rechazarla en amores. Todavía hoy una *Circe* es una mujer de poderoso atractivo, cuya seducción ningún hombre es capaz de resistir. Aunque la tradición judeocristiana ha considerado este tipo de mujeres como tentaciones en el camino que Ulises, y todos, debemos superar, nos aventuramos a hacer una lectura desde otro punto de vista, puesto que topar con una Circe es topar con alguien que nos empuja a crecer, ya que conoce los misterios, dosifica cada paso del aprendizaje y nos orienta. Nuestra parte animal nos domina a veces, sobre todo cuando nos movemos por impulsos y bajas pasiones que nos desequilibran. La maga retiene a los puercos en su pocilga donde está lo mugriento, lo sucio, lo que nos hace sentir oscuros, pesados. Ulises no es transformado en cerdo porque es el héroe astuto que quiere saber, que va más allá, que no se deja vencer por las bajas pulsiones y las compensaciones inmediatas. Para superarnos como seres humanos, se produce el encuentro con lo femenino; lo femenino entendido como la parte de los instintos, la de la intuición, la de la sensibilidad, el sexto sentido.

Un año con una ninfa es un año de aprendizaje de los valores que nos hacen ser menos animales, menos viscerales, más sutiles. Un año es un periodo de tiempo simbólico. Una vuelta del sol, doce lunas, el paso de las estaciones. Del mismo modo que, en la épica homérica, un día es el intervalo entre el alba y la noche, el periodo de claridad que inaugura la aurora y prolonga el sol en su travesía celeste, como explica Detienne. Son tiempos que indican ciclos, no cantidades exactas. Con Circe está un año, con Calipso, la siguiente ninfa por la que paralizará su regreso, estará siete largos años. Siete es una fase cósmica. El Dios bíblico creó el mundo en siete días, los mismos que tardó Salomón en construir el templo. Había siete planetas errantes, siete cielos, siete sabios y siete maravillas en el mundo antiguo, siete colinas en Roma, siete notas musicales y siete colores del arco iris. Son números-símbolo, periodos vivenciales donde se fraguan procesos. El alma necesita ciclos para crecer, nada es inmediato ni previsible.

Con Circe y Calipso permanecerá durante periodos donde acontecen desarrollos fundamentales, de transformación. Y ocurren en lugares remotos, alejados, silenciosos. Estas dos ninfas seductoras de *La Odisea* no forman parte de ninguna red familiar ni social, ni están sometidas a ninguna regla ni a ningún hombre. Viven solas, alejadas y aisladas. Algo imposible para cualquier mujer de la vida real que pasaba de estar bajo la custodia del padre a la del marido. Sus hogares son espacios de paréntesis en la trayectoria del navegante, como crisálidas donde le salen nuevas alas para proseguir.

Descender al Hades es una prueba de fuego. Ulises rastrea en su pasado para comprender lecciones importantes como, por ejemplo, que su compañero Aquiles, tan admirado, el héroe fuerte, aparentemente invencible, murió joven y con gloria, pero ahora es una sombra errante que lo cambiaría todo por cualquier instante en la tierra. Mejor un mortal humilde que un muerto glorioso. En el relato homérico, no hay un más allá donde las almas vivan con alegría en paraísos celestiales, estos surgieron después. El coraje y la arrogancia del Aquiles joven es pasado. Los héroes que se movían desde la cólera han muerto y, con ellos, una determinada forma de actuar. ¿Qué héroes de instituto eran admirados y se han convertido en sombras? ¿Qué partes nuestras deben morir para crecer, para que ese héroe colérico y soberbio de *La Ilíada* valore las cosas de otro modo y madure, siendo más flexible y más empático? ¿Qué nos asusta de la muerte en una sociedad que no habla de ella, que no tiene en cuenta el buen morir? La muerte es el misterio que te hace valorar la vida.

En sus conversaciones con las almas del inframundo, Ulises averigua también que el antiguo líder de los aqueos, Agamenón, fue asesinado por su esposa, lo que indica que no todas las esposas esperan, que no todas perdonan, que no todo es para siempre, que tus actos –Agamenón sacrificó a su hija Ifigenia– tienen repercusiones. El encuentro con las sombras lo fuerza a hacer balance de lo vivido, de los errores, los desengaños, las sorpresas, las incoherencias. Descubre que su madre no soportó su partida, que su esposa está en un mar de lágrimas, que Poseidón, el dios del mar que sacude la tierra, sigue irritado con él y le complicará la ruta.

La maga Circe le obliga a observar todo esto. Le señala la entrada, «es por aquí, sin examinar ese mundo de ahí abajo no comprenderás nada». Hay que encontrarse allí con Tiresias, el personaje ciego que ve, otro aparente oxímoron. Un invidente visionario que, a su vez, ha sido hombre y mujer, con lo cual tiene conocimiento de las dos partes, de las esencias, de lo que debe armonizarse para dejar de pisar lodos. Cuando tenemos rabia, somos rabia. Si sentimos envidia, rozaremos el odio. Las Circes nos hacen acudir a las partes intuitivas y contemplar. La comprensión es de calado lento porque requiere la vivencia; hay un proceso y se necesita un tiempo para transitarlo, no una determinada cantidad infalible de días. Si intentamos recordar en qué momento superamos la insolencia de la juventud, no daremos con una fecha exacta ni una edad concreta, probablemente recordemos una experiencia dura que nos hizo madurar, que nos hizo ver las cosas de otro modo. No transformamos el sufrimiento, es el sufrimiento el que nos transforma a nosotros. El tiempo del alma carece de reloj. No sirve únicamente tener la información, los datos, que tanto acumulamos, hay que experimentarlo en nosotros, *alquimizarlo*. Una vez contempladas las pocilgas del pasado tenemos un mapa más claro de nuestras miserias y nuestras grandezas. Nos corresponde a cada uno saber qué queremos cultivar. ¿Somos víctimas de nuestras circunstancias o empezamos a crear algo con ellas? Circe te ha obligado a hacer un trabajo complejo pero esencial para elevarte de condición. Nadie dijo que fuera fácil. Los héroes son héroes porque no se quedan sentados en el sofá, sino que acuden a la llamada. Y una vez se despide de Circe, el viaje no ha terminado. La aventura prosigue. Como diría la escritora Liliana Mizrahi, uno no es una experiencia realizada de una vez y para siempre, sino alguien que está en proceso de realización. Debemos tener conciencia de nuestra propia historia como un proceso dinámico, una navegación sin fin. Somos nuestro propio proyecto en desarrollo. No estamos nunca totalmente acabados; el tiempo, inexorable, sigue girando la rueda del destino.

Figura 1. **Ninfa de mar.** Edward C. Burne-Jones, 1881.
Minneapolis Institute of Art, Minneapolis

8. LAS SIRENAS: LA DISTRACCIÓN

«¡Por allá cruza a toda prisa! En las orejas de tus compañeros
pon tapones de cera melosa para que ninguno de ellos
las oiga. En cuanto a ti mismo, si quieres escucharlas,
que te sujeten a bordo de tu rauda nave de pies y manos,
atándote bien fuerte al mástil, y que dejen bien tensas
las amarras, para que puedas oír para tu placer la voz de
las dos Sirenas. Y si te pones a suplicar a tus compañeros
que te suelten, que ellos te aseguren entonces con más ligaduras».

HOMERO, LA ODISEA, XII, 47-54

DE TODAS LAS CRIATURAS MITOLÓGICAS formadas por una parte humana y una animal, probablemente las Sirenas son las más populares. Estas misteriosas figuras femeninas que atraen a los marineros con su voz melodiosa son muy antiguas. Homero nos habla de ellas en el canto XII de *La Odisea* como criaturas que hechizan a todos los hombres que se les aproximan, advirtiendo, de entrada, que los ignorantes que se acercan y escuchan su voz ya no serán de nuevo abrazados por su mujer y sus hijos. Pero las cantoras de Homero no son las gráciles y sensuales Sirenas a las que estamos acostumbrados, con melenas largas, pechos turgentes y colas relucientes que se deslizan elegantes entre las aguas; son otro tipo de híbridos mitológicos, seres mitad mujer, mitad pájaro. Y la abducción del canto no se producía únicamente por el placer de escuchar una refinada cadencia, sino por el valor de lo que decían: las Sirenas otorgaban conocimiento.

El famoso pasaje de Ulises, amarrado con cuerdas al mástil de la nave para poder sortear la costa de las Sirenas, ha pasado a la historia. El héroe de *La Odisea*, siguiendo los consejos de la maga Circe, puso cera de abejas en las orejas de su tripulación evitando de este modo que se tirasen al agua atraídos por sus promesas. Cuando el astuto Odiseo se arriesga a escucharlas, consciente de que puede perder la vida en el intento, no lo hace por la atracción que ejerce su belleza física –las «mujeres-ave» no son atractivas–, lo hace porque quiere ser más sabio, quiere averiguar lo que ellas tienen que decir. Lo que seduce no está relacionado con la sensualidad, es el ansia de saber más o, dicho poéticamente, la belleza de la palabra. La llamada de la sirena es, en sí misma, el atractivo del conocimiento, como concluyó Jane Houston.

Un cuerpo medio humano y medio ave es poco agraciado. Su morfología de «ogresas marinas», como se las conoce en la épica, nos recuerda a las harpías, que en la mitología griega eran mujeres aladas y posteriormente se representaron como seres maléficos con horrible rostro, cuerpo de ave de rapiña y temibles garras con las que podían atrapar presas. Las Sirenas, en cambio, atrapan con su canto, y los navegantes que quedan cautivos se demoran mucho tiempo, se olvidan de su camino, de su identidad, hasta que mueren sin saber quiénes son. Los esqueletos humanos esparcidos por las playas de las Sirenas simbolizan los restos de las víctimas que se detuvieron a escucharlas y se quedaron sin destino. La costa de su isla está poblada por los restos de piel y huesos de aquellos marineros que interrumpieron su ruta y ya no la retomaron, quizá porque no fueron capaces de asimilar lo que ellas les hicieron saber.

En Homero aparecen dos Sirenas, el narrador utiliza un verbo en dual para referirse a ellas. Otros hablan de cuatro e incluso de nueve, pero lo más habitual es que se trate de una tríada. En la mitología griega, los conjuntos de tres son muy abundantes: tres son las Gracias, las Gorgonas, las Horas, las Moiras, las Hespérides, las Erinias, o las diosas lunares. Las tríadas se repiten en muchos panteones. La célebre arqueóloga María Gimbutas, especialista en prehistoria europea, hablaba de la «triple Diosa». En las tríadas, cada personaje tenía una función específica o una particularidad. Apolodoro explica que, de las tres Sirenas, una tañe la cítara, otra canta y la tercera toca la flauta. Con ese conjunto de voz y dos instrumentos se puede crear una melodía harmónica, responsable inicial de la atracción hacia la isla donde moran. Como señala la profesora Eva Cantarella, una voz femenina que canta es una señal clara de peligro. Cantan las Sirenas y cantan Circe y Calipso, personajes femeninos muy relevantes que Ulises se va encontrando por el camino; y todas desean seducir y retener, cada una con sus artes, pero compartiendo el canto como denominador común, ese sonido cautivador que con sus vibraciones actúa como una red de pesca atrapando las emociones. Las madres, hermanas, esposas o mujeres de bien no cantan.

Las veladas advertencias sobre la oscura naturaleza de las Sirenas van apareciendo sutilmente en el texto homérico. Cuando la nave de Ulises se avecinaba a su isla, el viento cesó de repente. Es un recurso casi cinematográfico. La embarcación que se mueve ligera a vela, de repente se detiene, algo está sucediendo. Venía empujada por vientos favorables y de pronto reina la calma. «Algún numen adormeció las olas». Ese preludio, con un silencio irreal, sitúa al lector en un estado de alerta. Se entra en una zona de peligro, los sentidos se agudizan. La tripulación tiene que bajar velas y ponerse a remar con remos de pulimentado abeto que, agitados, «emblanquecían el agua». Deben atravesar ese tramo con la fuerza de sus brazos. Los hombres bogan, las sirenas cantan y advierten de que nadie ha pasado por allí sin escuchar la suave voz que fluye por su boca. Es una exquisita escena de suspense.

Ningún héroe griego tenía ansia de verlas, como afirma García Gual; el encuentro les producía terror pues la melodía placentera invitaba a una triste muerte. Ese turbio enlace de las Sirenas con el más allá, las ubica en la categoría mítica de *daímones* femeninos, una especie de genios marinos o divinidades de rango inferior, que pueden ser mensajeros de la muerte. Se las puede hallar representadas en sepulcros, como protectoras y como plañideras; talladas en monumentos funerarios, sujetando una lira, como ángeles de los difuntos que cantan himnos fúnebres. Son muchas las tumbas donde aparece la Sirena como ave custodia. Dados los efectos mortales de sus cantos, son inevitablemente vistas como unos genios que la anuncian. Se han calificado también de «aves de almas», es decir, almas con apariencia volátil y con la capacidad de atraer a otras almas a su perdición.

En la Antigüedad existía la creencia de que el alma se alejaba del cuerpo volando, en forma de ave o ser alado. A *Psyché*, divinidad que personificaba el alma, se la representa siempre con alas. Homero explica que sale de la boca del difunto cuando muere como si fuera una mariposa, maravilloso insecto alado de colores que en griego se designa exactamente con la misma palabra, *psyché* –que a su vez procede del verbo *psýcho*, que significa soplar–. Para ellos, un individuo se mantenía con vida mientras permanecía en su interior el soplo mágico, el espíritu, que se exhala en un último aliento al morir. También, en la tradición cristiana, el Espíritu Santo se representa como una paloma blanca. Alma, espíritu, aliento y viento siempre se encuentran íntimamente relacionados en el mundo simbólico, porque funcionan por analogía. Eurípides habla de Sirenas que se comunican con los muertos y son sus alas las que les permiten ir más allá. Inicialmente, en el arte griego, la sirena era una adaptación iconográfica del alma *Ba,* de los egipcios, que abandonaba el cuerpo en el momento de la muerte gracias a sus alas. En las pinturas de cerámica, la representación de las alas de las Sirenas se fue alterando, ya que los artistas, en ocasiones, empezaron a dibujar unas manos que sobresalían de esos cuerpecitos con plumas para poder sujetar los instrumentos que, según las fuentes, acompañaban su canto.

Existen distintas versiones para explicar esa apariencia física tan compleja que aunaba cuerpo de pájaro y de mujer. Higinio atribuye a Deméter, diosa de la agricultura, su transformación en «mujeres-ave» al haberse enfadado con ellas por no socorrer a su hija Perséfone cuando esta fue raptada por Hades, el dios del inframundo. Las Sirenas eran, según esta versión, hermosas muchachas, hasta que Deméter les dio alas para enviarlas por todo el mundo a buscar a su hija desaparecida. Otros apuntan que fue Afrodita, diosa del amor, quien las transformó en aves como castigo por negarse a entregar su virginidad. En cualquier caso, a pesar de tener unas vistosas alas, las Sirenas habían perdido la capacidad de volar, porque en un certamen musical en el que se enfrentaron con las Musas –las divinidades inspiradoras de las artes que forman el séquito de Apolo– habían sido derrotadas, y las ganadoras les arrancaron las plumas para confeccionarse con ellas una lujosa corona. Mientras las Musas, al servicio de las artes, son conocidas y adoradas por su canto jovial y sus danzas festivas, las Sirenas del mundo antiguo están vinculadas con la muerte y esperan inmóviles sobre los prados de su isla a que sus presas se les acerquen.

El episodio de Ulises atado al mástil ha pervivido en el imaginario colectivo, pero este no es el único héroe que se cruza con las Sirenas. También Orfeo debe superar el paso por su costa. Aunque *Las Argonáuticas* de Apolonio de Rodas, donde se relata la aventura de Jasón y los argonautas, son mil años posteriores a Homero, en el tiempo mítico se trata de un episodio anterior. Orfeo es conocido por tener el poder de amansar a las fieras con el sonido de su lira y hacer descansar las almas de aquellos que se acercaban a escuchar su música. Se le relaciona con las artes musicales y se le representa siempre con su instrumento como atributo. Él fue un argonauta, uno de los miembros más conocidos de la famosa tripulación que partió hacia la Cólquide en busca del vellocino de oro. Cuando la nave Argo se acercó a las Sirenas se produjo una competición musical en la que Orfeo, inspirado por su madre –una Musa, las Musas siempre inspiran–, fue capaz de desafiarlas y vencerlas. Según Apolodoro, cuando los argonautas pasaron por el sitio fatal, las Sirenas cantaron para atraerlos, pero Orfeo cantó con más dulzura y las eclipsó con las notas de su lira. Cuenta la leyenda que la vida de las Sirenas debía cesar en el momento que alguien escuchara sus cantos sin sentir el hechizo que estos producían, con lo que, ante la derrota, se precipitaron al mar y quedaron convertidas en rocas. En *Las Argonáuticas* órficas es la voz de Orfeo la que narra: «… mientras seguía yo pulsando mi forminge,* desde lo alto del escollo se pasmaron las sirenas y cesaron su canto: una dejó caer de su mano la flauta, otra la lira. Dieron un horrible sollozo, porque el lúgubre destino de una muerte fatal les había llegado».

Textos posteriores afirman que cuando se ahogaron a sí mismas a causa de la humillación, una de ellas, Parténope, nadó hasta el lugar donde posteriormente estuvo la ciudad de Nápoles que, en origen, recibió de ella su nombre. La ubicación de la isla de las Sirenas en la geografía itálica o griega ha sido muy debatida. Se las ha situado en distintos puntos del sur de Italia, especialmente en la zona del estrecho de Mesina, en el cabo Peoloro –actual punta Faro–. Estrabón, en cambio, habla de tres islotes rocosos en el golfo de Salerno, frente a Positano. La cantidad de naufragios que se conocían ante estas pequeñas islas quizá inflamaba la imaginación de las gentes que allí habitaban y creían en este tipo de mitos que personifican, en forma de mujer, el peligro de la navegación por zonas de fuertes corrientes, difíciles de sortear con embarcaciones antiguas.

En tierras griegas, también se las localizaba en la desembocadura del río Aqueloo, en el noroeste del país, puesto que

---

* Lira homérica.

algunas fuentes antiguas explican que las Sirenas son hijas de la unión de este río con una Musa. Aqueloo era un espíritu del agua muy antiguo. Los ríos, en el mundo simbólico, se han relacionado con serpientes, por su forma sinuosa –el pintor vienés Gustav Klimt no pintó Sirenas sino «serpientes de agua»–, o con toros, por el bramar de sus aguas en sus cursos altos, cuando bajan embravecidas. Aqueloo, por ejemplo, se transforma en un toro para atacar a Heracles, lo que denota la fuerza de su caudal. Los ríos son presencias importantes en las civilizaciones antiguas.

Pensemos en el Nilo, el Tigris, el Éufrates o el Ganges, todo se desarrolla alrededor de esos inmensos torrentes de agua que llevan al mar. Son sinónimo de vida, como el sistema circulatorio que irriga todo el territorio. Para los griegos, Aqueloo era hijo de Océano y Gea –en una de las versiones–, como una síntesis de los dos elementos, el agua que horada la tierra. Imaginar unas Sirenas como progenies de este río impetuoso con una Musa –la Musa Melpómene, «la melodiosa», según Apolodoro–, que les inspirase el canto, tiene su significación metafórica.

Cabe pararse a pensar por qué un ser con plumas que causaba espanto conseguía tener ese poder de persuasión. ¿Qué cantaban las Sirenas?, se preguntaba Robert Graves. ¿Qué hay detrás de ese reclamo que llega en forma de un canto tan dulce como la miel? Para Cicerón, la clave está en entender que apelaban a dos grandes pasiones de los griegos: por un lado, el amor por la música, o los poemas cantados y, por el otro, la curiosidad por lo nuevo. Ulises se siente irremediablemente atraído hacia ellas cuando anuncian que conocen todo lo que aconteció en las amplias llanuras de Troya entre argivos y troyanos, como si conocieran su pasado a la perfección. Como protagonista de esa larga y fatigosa guerra, el héroe se siente interpelado de una forma casi visceral, le nacen deseos de saber más sobre lo que ocurrió, tantear qué más conocen las Sirenas de su propia biografía. A todos nos pierden las ansias de saber qué se dice de nosotros, por vanidad, por pura curiosidad, por ganas de manipularlo, o por mil motivos. Hoy, las redes sociales digitales se alimentan de esos impulsos tan humanos, en las que la proyección de la imagen pública y el rastreo de la vida ajena actúan como motores imparables. Cantos de sirenas. De la misma forma, el control sobre la prensa ha sido una obsesión incesante por parte de los que gobiernan o lideran, de ahí que se la llame el cuarto poder. Controlar la información y emitirla de una forma o de otra genera no únicamente un estado de opinión, sino una forma de ver el mundo.

Para los héroes homéricos, la guerra de Troya fue algo que marcó su vida. Es obvio que, el protagonista, que desde que abandonó la ciudad tomada ardiendo va vagando por el mar sin alcanzar el anhelado hogar, quiere descubrir si hay cosas que no sabe o nunca supo de lo que allí sucedió, comprobar cómo se ha fraguado su fama, en qué personaje se ha convertido, si mereció la pena. Para la mentalidad de un héroe griego, vivir o morir sin gloria era deshonroso. ¿Quién no quiere escuchar cosas sobre sí mismo? Además, las Sirenas, según el texto de *La Odisea*, también saben «todo lo que acontece en la tierra», con lo que son capaces de anticipar conocimiento y de ahondar en asuntos relevantes, más allá de lo mundano. Un saber superior, una visión prácticamente omnipotente. Esa atractiva información, que está solo en manos de elegidos, si puedes escucharla sin riesgo de embarrancarte para siempre, te hará más sabio, sin lugar a dudas.

Las Sirenas cantan su saber, que está en contacto con el mundo de los muertos. «Y los náufragos, mecidos blandamente sobre la garganta donde todo zozobra, paladean en la oscura inmensidad el cálido amor que esconde la muerte en la entraña del agua», escribía Marguerite Yourcenar. La búsqueda insaciable sobre el sentido de las cosas puede llegar a ser tan absorbente que trastorna o destruye a muchos en el intento. Ulises es el viajero, está de paso, deambula por la tierra de otros mientras trata de alcanzar la suya, lo que denominamos hogar. La misma idea del viaje conlleva el contacto con lo ignoto. En el viaje de la vida, topamos con lo desconocido. «Para venir a lo que no sabes, has de ir por donde no sabes», decía san Juan de la Cruz en sus versillos del *Monte de la Perfección*. En el camino hacia el conocimiento, ese que indaga en experiencias trascendentes, a veces nos perdemos, nos desviamos sin darnos cuenta, cambiamos la dirección, nos detenemos para tomar aliento, nos despistamos ¿Quién no se ha sentido extraviado? ¿Quién no se ha sentado en el borde de una cama con la sensación de que nada tenía sentido? «Siéntase perdido –decía el maestro Nisargadatta– quédese desnudo, expuesto a los vientos y lluvias de la vida y tendrá una oportunidad». Ulises se expuso a escuchar. Alguien que promete decirte cosas sobre ti, héroe de tu guerra, atrae como un imán. Véanse las mil fisonomías de los «fortune tellers» en la actualidad. Alguien que sepa todo lo que acontece en la ancha tierra ofrece una vasta panorámica, una visión a vista de pájaro que, de entrada, da la sensación de que te puede hacer volar.

¿Quién está preparado para saber todo lo que ocurre en la Tierra? ¿Quién lo puede soportar? En *La Odisea* es la maga Circe, una ninfa divina, la que ha dado instrucciones muy explícitas sobre cómo deben actuar los marineros para atravesar la peligrosa costa de las Sirenas. La hechicera sabe que la tripulación debe ensordecerse por completo porque los compañeros de Ulises son individuos no preparados, y no podrían resistirlo, se dejarían llevar ante el primer compás del canto, y sería su perdición definitiva. Es únicamente un héroe, un elegido entre todos, el que ha forjado un ser interior más elevado, el que puede escuchar; y no de cualquier forma, sino con mucha precaución, haciéndose amarrar muy fuerte para que los bajos instintos no le puedan, y para que la atracción hacia ese «querer saber más» no se lo lleve por delante.

En ningún texto antiguo aparece una Sirena descrita con torso humano y cola de pez, aunque sí existían criaturas míticas del mundo marino que responden a esa forma, como los tritones o las nereidas, personajes que se movían en el elemento acuático. Será a partir de la Edad Media cuando se producirá la transformación de mujer-ave a mujer-pez, que, alimentada posteriormente por el folclore, llegará hasta nuestros días. No hay fuentes que relaten esa transformación, ni sabemos los motivos, únicamente a partir de la iconografía se puede rastrear la metamorfosis. En algunos sarcófagos, en capiteles, en bestiarios medievales aparece la Sirena con una o dos colas, como genios marinos o fluviales. Se las ha relacionado con Melusina, un hada legendaria del mundo medieval francés, con un cuerpo híbrido parecido, representado con torso de mujer y cola con escamas, definido por algunos como mujer serpiente.

En la Edad Media, las Sirenas se convierten en otra imagen de la tentación, tan peligrosa, y el consecuente castigo para quien cae en ella. En los capiteles de los claustros de los monasterios, las Sirenas hacen alusión al mundo exterior, repleto de tentaciones en sus múltiples facetas, que atacan nuestros puntos débiles, nuestros instintos básicos y, en especial, aquellas que vienen encarnadas bajo formas femeninas. A partir del Renacimiento se relaja esa mirada tan moralizante y, basándose en modelos romanos, se recupera la tradición clásica de la sirena-pájaro que quedará únicamente en los registros más cultos porque la imagen que se popularizará hasta nuestros días es la sirena-pez que oculta bajo el agua su parte animal. Se irá acentuando la vertiente más erótica que nos es familiar, y pasa a ser la sensualidad la que atrae a los tripulantes que se cruzan ante ellas, fraguándose la imagen de seductora, que acabará de consolidarse durante el Romanticismo.

Por influencia de la mitología del norte de Europa, a menudo se han asimilado o confundido con las Lorelei germánicas, que atraían desde los acantilados a los navegantes del Rin. Los poetas románticos hablan de estas ondinas o ninfas de río, y el nombre de Sirenas se fue tiñendo de este imaginario. En inglés distinguen entre *Siren*, que son las híbridas pájaras de la mitología griega, y *mermaid*, compuesto por *mere* (mar) y *maid* (doncella), que son esas hermosas criaturas acuáticas del folclore que terminan en forma de pez.

También la literatura y las leyendas del siglo XIX contribuyeron a alimentar esa imagen de Sirena atractiva que se desliza ágilmente con su larga cola. El escritor irlandés Oscar Wilde, en su obra *El pescador y su alma* (1891), se inventó la fantasiosa historia de un joven que atrapa con sus redes a una bella Sirena que es descrita como una grácil criatura, con cabellera dorada, cuerpo de color marfil y cola de plata y nácar, una imagen más cercana al ideal que ha llegado hasta nuestros días. El pescador la liberó de nuevo con la condición de que cada tarde cantara canciones para que sus redes estuvieran siempre llenas. Mientras ella entonaba su canto, los peces acudían a la superficie del mar y el pescador, escuchándola, quedaba rendido a sus encantos. Pero para poder casarse con ella, tenía que deshacerse de su alma. Un cuento en el que Wilde nos invita a pensar sobre nuestra alma, dónde reside, cómo la podemos observar y qué valor tiene para los seres humanos.

Por su parte, Hans Christian Andersen, el escritor danés famoso por sus relatos infantiles, escribió el popular cuento de *La sirenita* (*Den lille Havfru*e, 1837), en el que la Sirena ofrece su voz a cambio de unas piernas para ir en busca de su amado príncipe y poder obtener, gracias al amor, un alma. La famosa Sirenita de Copenhague, que todos tenemos en mente, es un homenaje a la bailarina danesa que interpretó la adaptación musical de este cuento, con la que cosechó un gran éxito. La escultura de bronce, que ha devenido un icono de la ciudad, fue encargada, a principios del siglo XX, por el heredero de la empresa de cervezas Carlsberg y está inspirada en el cuento de Andersen. Walt Disney revisitó este argumento en su *Sirenita* con el simpático personaje de Ariel, que cubría sus inocentes senos de niña, por primera vez en la historia de la humanidad, con un biquini de color violeta.

También en zonas montañosas del interior de Cataluña perviven las leyendas sobre las «doncellas de agua» (*dones d'aigua*) que habitan en estanques, torrentes, grutas y lagos subterráneos. El mito ha persistido a través del folclore de muchos pueblos marineros, que han idealizado la doncella cautivadora de cintura para arriba, una imagen muy distinta de las Sirenas-ave de la antigua Grecia que permanecían en el umbral del más allá. Como sentenció Carlos García Gual, el éxito de un motivo mitológico no se mide por el final feliz, sino por su permanencia en el imaginario colectivo.

Paralelamente a los personajes literarios, las bellas artes también forjaron esa imagen de Sirena idealizada y erotizada que constituía un peligro simbólico para el navegante. Son incontables las representaciones de Sirenas con hermosa cabellera y colas tornasoladas a lo largo del siglo XIX, donde los artistas pueden recrearse en la representación de líneas curvas con trazo ondulante y un prodigioso despliegue de paleta cromática que resulta muy llamativa. La ninfa de mar que pintó el artista prerrafaelita Burne-Jones (Fig. 1) es un ejemplo de lo que el arte simbolista solía hacer con estos temas tomados de leyendas clásicas o medievales que tanto les interesaban. El conjunto nos parece más una ilustración que un lienzo puesto que difuminaban esa frontera entre arte y arte decorativo voluntariamente. La doncella representada tiene un rostro inocente, un tono de piel muy blanco, su pelo rojo se mueve por el viento en acusadas ondas, como las olas de un mar de cuento infantil. Los peces que sujeta son producto de la fantasía y contienen algo malévolo. En general, estas sirenas del XIX suelen ser, o bien *femmes fatales* con tintes perversos, o ninfas acuáticas de belleza etérea.

El pintor inglés John William Waterhouse también representó las Sirenas en distintos cuadros. Algunos siguiendo

el esquema más común, con la larga cola y algún gesto seduc-
tor e íntimo, como el de peinarse, rodeada de conchas nacaradas, o también tocando un instrumento de cuerda. Excepto
en este lienzo, titulado *Ulysses and the sirens* (Fig. 2), en el
que recrea el conocido episodio de *La Odisea*. Con un punto
de vista elevado –la aparición de la fotografía influyó en la
pintura aportando enfoques más innovadores–, se observa la
gran nave de Ulises, más parecida a un barco vikingo que a
una embarcación griega –mezcla típica del eclecticismo de
la época–, discurriendo por una zona con altos acantilados,
como se puede observar en las paredes rocosas del fondo.
Los marineros, sentados a babor y estribor, están remando
con fuerza, en una actitud de máxima concentración, con la
intención de superar ese tramo lo más rápidamente posible.
Ulises, como figura central, vestido con un llamativo color
blanco y ataviado con su sombrero de navegante –como se le
solía representar–, está visiblemente amarrado al mástil con

Figura 2. **Ulises y las Sirenas.** William Waterhouse, 1891.
National Gallery of Victoria, Melbourne

Figura 3. **El vaso de las Sirenas.**
Atribuido al pintor de Sirenas. Estamno ático, 480-470 a.C.
British Museum, Londres

gruesas cuerdas. Las Sirenas, que son muchas, se las ha imaginado como pájaros oscuros de gran tamaño que revolotean
amenazantes por encima de la nave. Lo único que tienen de
mujer es la cabeza, la mayoría con el pelo castaño, algunas
visiblemente largo y revuelto. Todas poseen unas garras afi-
ladas. No hay ni rastro de busto o de brazos, no hay un ápice
de sensualidad, y menos de dulzura. Como una bandada de

aves rapaces, rodean a la tripulación en una actitud de ataque, hasta el punto de que una de ellas –en la parte inferior– se aproxima a pocos centímetros del rostro de uno de los tripulantes y le susurra algo al oído, haciendo clara alusión al relato homérico donde se explica que se los taparon con cera de abeja.

Al parecer, Waterhouse se inspiró en un recipiente de cerámica del siglo v a.C. expuesto en el British Museum (Fig. 3). La cerámica de época clásica representaba con más fidelidad los versos de los poetas griegos, sus poetas. El de Homero era un libro fundamental en la educación de todo griego. En esta vasija, ejecutada con la técnica llamada de figuras rojas, aparece el barco de Ulises pasando entre las peñas de las Sirenas sobre un estrecho mar sombreado en formas ondulantes. Se aprecian cuatro figuras remando y un timonel en el asiento de popa. En la proa del casco, llama la atención un gran ojo de forma arcaica, pintado de negro, probablemente con fines apotropaicos, es decir, como imagen defensiva para alejar el mal. Ulises, de nuevo, ocupa el centro de la composición, atado contra la base del mástil, con su cabeza echada hacia atrás, como denota su espesa barba, y la mirada alzada hacia las mujeres-pájaro. Las Sirenas no son dos, como en el texto homérico, sino tres. Dos de ellas posadas encima de promontorios rocosos, a cada lado de la embarcación, y una tercera que, visiblemente, cae, o se lanza, con los ojos cerrados, desde el borde del acantilado –quizá ya muerta por la humillación de no haber conseguido atrapar a los marineros–. Las Sirenas están representadas como pájaros con cabeza de mujer, sin ningún tipo de extremidad, ni sujetando ningún instrumento, pero sí con los labios entreabiertos sugiriendo el acto de cantar. Su cabello está recogido con un adorno punteado, una especie de diadema, habitual como complemento femenino de la época. Esta pintura ejecutada sobre lo que se denomina un estamno, una vasija globular con dos asas laterales, ha sido la portada de muchas publicaciones sobre temas relacionados con *La Odisea* ya que ilustra de forma magistral ese mundo homérico.

Quien conoce el arte de navegar ha experimentado la fuerza de los vientos y las corrientes en zonas peligrosas. Cuando arrecian con intensidad vientos procedentes del mar en dirección a la tierra, en su choque con una pared alta de la costa se puede producir un sonido especial, como si el acantilado actuase a modo de un órgano. Entonces parece que alguien cante. Si el barco tiene dificultad para ceñir, puede dar la sensación de que ese canto natural te atrae hacia las rocas. En todos los litorales hay puntos negros donde, por algún motivo, los naufragios han sido especialmente numerosos y han quedado grabados en la memoria colectiva, generando mucho respeto por las desgracias que pueden acontecer en el mar. En Galicia existe la llamada *Costa da Morte*, donde se han hundido multitud de barcos, entre los más famosos el petrolero *Prestige* que, en el año 2002, contaminó de líquido negro oleoso una amplia franja marítima de España, Francia y Portugal ocasionando un desastre ecológico de tremendas consecuencias. Para Otto Seeman, las Sirenas no son otra cosa que la personificación de los peligros que se esconden bajo la engañosa superficie de un mar liso y aparentemente en calma.

Sobre el significado del mito de las Sirenas se han dado variadas interpretaciones. No hay una única lectura, ni único sentido, porque el símbolo no se traduce, se despliega, hasta el infinito. Juan E. Cirlot, en su célebre *Diccionario de símbolos*, interpreta estas criaturas de las aguas como símbolos del deseo en su aspecto más doloroso, el que lleva a la autodestrucción, pues su cuerpo anormal no puede satisfacer los anhelos que su canto y belleza despiertan. También las asocia a las tentaciones dispuestas a lo largo del camino de la vida para impedir la evolución del espíritu y encantarlo, deteniéndolo en la isla mágica o muerte prematura.

El séptimo arte también ha recurrido a esas connotaciones que se derivan del mito para crear personajes atractivos y argumentos fantasiosos, como en la comedia romántica *Splash* (1984) en la que una joven Daryl Hannah interpretaba el papel de una sirena de larga melena rubio platino a la que le nacían piernas cuando se secaba fuera del agua. La sirena nada hasta la ciudad de Nueva York en busca del hombre del que se ha enamorado, Tom Hanks, y la detienen cuando aparece completamente desnuda bajo la Estatua de la Libertad. También recrearon atractivas Sirenas en una de las películas de la saga de *Piratas del Caribe*, donde eran criaturas maléficas con cara de ninfas inocentes.

En el lenguaje coloquial utilizamos la expresión «canto de sirena» para ese tipo de discurso aparentemente convincente que, sin embargo, esconde algo engañoso, o que no es de fiar, a pesar de su perfecta presentación. Ese significado metafórico lo podríamos extrapolar a otras muchas circunstancias, cualquier reclamo embaucador que resulta ser una estafa o un fraude. Las consecuencias pueden ser de espectro muy amplio, desde una ligera decepción a una peligrosa adicción, como en el caso de las drogas, que aportan muy rápidamente una sensación de placer que acaba atrapando en un acantilado con difícil salida. No en vano se le ha puesto el nombre de sirena a ese sonido estridente que emite una ambulancia, un coche de bomberos o una patrulla de la policía, para advertir a todos los navegantes sobre el asfalto de un peligro urgente y la necesidad apremiante de alejarse y dejarles paso.

En sociedades y momentos de la historia donde el sexo ha estado muy reprimido, la Sirena podía encarnar esa anhelada sensualidad ausente bajo un ser imaginario con pátina de pasado mitológico. En la actualidad, sin embargo, las Sirenas seductoras, entendidas en un sentido más metafórico, viven en las pantallas del mundo virtual, donde fijamos los ojos durante muchas horas del día. Las redes son un vivero incesante de agudos cantos de sirena para todos los gustos, y todos somos navegantes con mucha dedicación al oficio. Quedamos sustraídos ante miles de estímulos, cada día más parpadeantes. Nos abduce de forma incluso obsesiva saber más sobre aquello que nos halaga, nos interesa, nos da morbo, nos aporta placer momentáneo, nos ensancha el ego, incrementa nuestras posesiones, o nos permite una evasión fácil. Constantemente dispersos ante esa multitud de deseos que se proyectan por todas partes, deberíamos preguntarnos ¿qué forma asume para cada uno de nosotros la búsqueda de conocimiento? Lo solemos confundir con la acumulación de datos, que no es nada por sí mismo. Los internautas del siglo XXI tenemos muy fácil acceso a la información sobre cualquier tema, pero, ni podemos digerirlo –es inabarcable–, ni nos transforma. Más que navegantes somos surfeadores de superficies, de clic en clic, sin capacidad para ahondar en nada. Como las sirenas, ese mar ingente y revuelto nos atrae, nos retiene, abrasa nuestros ojos y paraliza nuestros cuerpos, pero no nos deja seguir el camino de verdad, el nuestro, el humano. El viaje que lo dota todo de sentido, el que nos fundamenta, el que cumple con la misión de desplegar tu Ser. Se nos van los días sin salir de la isla, distraídos pero no madurados. En palabras de Chantal Maillard, el canto irresistible de la Sirena «no es ya la del ave del inframundo, símbolo iniciático de la travesía, sino la expresión del deseo culpable».

Figura 1. **Penélope.** John Roddam Spencer Stanhope, 1849.
Colección privada

9. PENÉLOPE: LA ESPERA

«A todos les da esperanzas, y a cada uno en particular le hace promesas y le envía mensajes, pero son muy diferentes los pensamientos que en su inteligencia revuelve. Y aun discurrió su espíritu este otro engaño: se puso a tejer en palacio una gran tela sutil e interminable y a la hora nos habló de esta guisa. "¡Jóvenes, pretendientes míos! Ya que ha muerto el divinal Odiseo, aguardad, para instar mis bodas, que acabe este lienzo –no sea que se me pierdan inútilmente los hilos–, a fin de que tenga sudario el héroe de Laertes cuando le sorprenda la Moira de la aterradora muerte».

HOMERO, LA ODISEA II, 84-91

PENÉLOPE ES LA ESPOSA FIEL, la eterna tejedora. Veinte años esperando el regreso de su amado Ulises, rey de Ítaca sin saber si está vivo, ni cuál es su paradero, si está regresando, si se instaló en otro lugar y empezó otra vida. Lo vinieron a buscar mucho tiempo atrás, cuando el hijo de ambos, Telémaco, todavía era un retoño de meses. Debía unirse a la expedición que zarpaba hacia la deplorable guerra contra Troya, provocada por una mujer infiel. Ulises no quería partir, quería permanecer en el hogar, continuar gozando de su feliz matrimonio y de su reciente paternidad en su amada isla. Intentó hacerse el loco, despistar a los que se habían desplazado hasta el mar Jónico para reclutarlo. Empezó a arar con un caballo y un buey de forma errabunda, fingiendo que estaba demente, hasta que le pusieron a su hijo frente al arado y tuvo que detener esa farsa para no herir a la inocente criatura. A Penélope se le quebró la vida: «… mi valor, mi belleza y mis gracias me las destruyeron los dioses cuando los aqueos partieron para Troya llevando con ellos a mi esposo Ulises», le hace confesar Homero en primera persona. Desde que su valeroso compañero embarcó hacia la lejana Ilion han pasado dos décadas, diez años de guerra y diez de retorno. Los griegos se refieren al regreso a casa con la palabra *nóstos*. Toda *La Odisea* es el relato de un *nóstos*. De ahí vendrá nuestra nostalgia, de *nóstos* más *álgos*, el dolor asociado a la añoranza del hogar, como lo definió Daniel Mendelsohn en su novela *Una Odisea*.

Penélope se quedó sola al mando del hogar y del reino. Tuvo que ingeniárselas para sobrevivir, para resistir el pesar de la ausencia, el lento paso del tiempo y el embate de los pretendientes que la cortejaban para usurparle el trono. La madre de Ulises morirá, el padre de Ulises abandonará la casa para irse a labrar campos en un monte apartado, y su hijo, Telémaco, que había nacido en un hogar feliz, crecerá en una familia que se desvanece. El muchacho se irá quedando sin el arropo de sus miembros, mientras que la madre, sola, con la ayuda de algunos criados fieles, deberá educarlo y protegerlo. Al ser la reina abandonada, todos los príncipes de la zona, ávidos por reemplazar al rey de Ítaca, pronto empiezan a cortejarla. Tomarla por esposa significa conquistar el reino sin necesidad de ninguna lucha. Casarse con ella supone ser coronado, ostentar el título y ejercer el rol del Ulises ausente. Penélope es fuente de riqueza y autoridad en Ítaca, un tremendo polo de atracción. Más de un centenar de pretendientes se instalan constantemente en ese pequeño palacio y empiezan a abusar de su anfitriona; de su despensa, de su paciencia, de su tiempo. En la sociedad homérica, la hospitalidad era un deber sagrado. Penélope no tenía ni derecho ni fuerzas para ahuyentarlos y los huéspedes se aprovechaban de su posición debilitada. Sin suegro, sin marido y con un hijo pequeño, el desamparo era desgarrador.

Su estrategia para contener el avance de tal número de pretendientes debe ser inteligente y persuasiva. Penélope anuncia que no se casará con nadie hasta que termine la mortaja que está confeccionando para su suegro Laertes. Teje de día y lo deshace de noche, en sus aposentos, lejos de la mirada ajena, del ruido de tantas voces en el patio, protegida por la oscuridad, por la esperanza. Así mantiene en vilo a los aspirantes, prolongando la decisión durante el tiempo incierto de una espera quizá inútil. Nadie sabe si Ulises retornará algún día. La confección del sudario deja las expectativas de todos suspendidas en el aire de un palacio invadido, pero no tomado. Tejer y destejer es su rito callado. Un secreto que no debía ser desvelado para mantener la tensión justa hasta la anhelada llegada del esposo ausente. Así nadie sabe cuáles son sus verdaderas intenciones, ni si algún día aceptará casarse de nuevo. No es una viuda, sino una esposa en permanente espera.

Se designó como «complejo de Penélope» al estado fantasioso en el que se sumerge alguien que no renuncia a la espera de aquel o aquella que se fue, porque no consigue olvidarlo de ningún modo. Como mecanismo de defensa, la persona genera un mundo interior lleno de falsas expectativas para refugiarse en su perpetuo esperar. Suelen ser mujeres enamoradas de fantasmas, cautivas de la imagen idealizada que han creado de esa persona, fruto más de su fantasía que de cualquier parecido con el individuo ausente. Un perfil de este comportamiento fue descrito poéticamente en la canción *Penélope* que cantaba Juan Manuel Serrat, donde una señora ya madura va cada semana con vestido de domingo a sentarse en un banco en el andén, para esperar el primer tren, meneando el abanico. Una mujer que suspiraba por un caminante que detuvo su reloj en una tarde de primavera y le prometió regresar antes de que cayeran las hojas de los sauces. ¿Hasta cuándo alimentar la esperanza del regreso?

Tejer en el telar es un modo de aislarse y consolarse. En muchos mitos y cuentos de hadas, el acto de hilar aparece como un símbolo de creación: crear la trama del destino. Hilar, cantar o bailar son, en estos relatos, acciones mágicas; crean y mantienen vida, vida interior. «La palabra es el telar y el mito, la urdimbre sobre la que se teje la historia de los pueblos», escribió Chantal Maillard. Los antiguos lo sabían. El lenguaje simbólico lo utilizan todas las tradiciones cuando intentan abordar temas que afectan al alma humana. El alma de Penélope se refugiaba en ese tejer oscilante. Lo poético nos teje imágenes y es lo único que nos acerca a la frontera con los otros mundos. Nos asoma a lo que Karen Armstrong describe como «el gran silencio», donde no tenemos palabras para descifrar nuestro sentir. Cómo describir el hondo pesar de Penélope, la sensación de soledad, de orfandad, de aislamiento.

Tejer, coser, amasar, plantar… son ese tipo de tareas que se hacen con las manos. Mientras las manos se mueven, la mente se aquieta. Hay un momento en que debemos callar la palabra para obtener la visión. Quizá se canturrea, se tatarea, se balancea el cuerpo. Pero desde las yemas de los dedos se activan otros resortes, otras redes del ser, otros sistemas, y se accede a regiones distintas sin conceptos ni razones, las llanuras de la percepción. Las antiguas hilanderas trenzaban las hebras, unían los lazos, creaban las redes que sostienen y reconfortan a los integrantes de la tribu. «Todas las religiones proponen imágenes del tejido sagrado en el que estamos inmersos», decía Joana Macy en un libro que se titula, precisamente, *Hilanderas de sabiduría*.

En la Grecia clásica, la simbología del hilo formaba parte del misterio mismo de la vida. En el relato de la creación del universo, las Moiras, hijas directas de la noche y las tinieblas, fueron las primeras hilanderas. Personificaban el destino de los individuos, que pende, siempre, de un hilo. La vida es frágil. Los egos son títeres. Ninguna ley ni ningún Dios, por muy poderoso que fuera, podían cambiar el destino, llamado Moira, porque el equilibrio natural del universo no se puede romper. Las tres Moiras griegas tenían su equivalente en las Parcas romanas y en las Nornas nórdicas. Son tríadas femeninas que se encargaban de regular la vida de los mortales simbolizada por un hilo. Hilarlo, ovillarlo –o medirlo– y cortarlo, el momento temido e inevitable en que el corte, lacerante, acaba con la existencia terrenal. La muerte es tan real como la vida.

El pintor francés Alfred Agache (Fig. 2) eligió el color rojo, de la sangre, para tintar el hilo del destino que no podemos controlar. El torno de hilar tiene la misma dinámica que la rueda de la fortuna: gira de forma inexorable. La vida es cíclica, como lo son los ciclos de la naturaleza, porque somos parte de ella, aunque a veces nos olvidemos. Los tres personajes femeninos, con las cabezas cubiertas y la expresión seria, son de edad avanzada, el arquetipo de viejas sabias. Las dos primeras sujetan los hilos y están atentas en su quehacer; la tercera, con un gesto cansino de espera, apoyando el rostro en la palma de su mano, sostiene las tijeras para el corte. En

Figura 2. **Las Parcas.** Alfred Agache, 1885.
Palais des Beaux-Arts, Lille

sus faldas reposan unas amplias bandas confeccionadas con primorosos tejidos. Tres son los colores fundamentales del cuadro: el negro, el blanco y el rojo.

Las tareas de las tres Moiras, que para los griegos marcaban el destino, también son metafóricas: hilar las briznas de la vida, enrollarla en la madeja de los acontecimientos, cortar el hilo con unas tijeras de oro. En la confección del lienzo de una vida se mezclan hilos de distintos colores y grosores. Momentos claros y oscuros equivalen a hilos negros o dorados, en esa oscilación constante de felicidad y penurias. También Goya pintó a las tres oscuras damas del destino en las paredes de su residencia conocida como la Quinta del Sordo –en los alrededores de Madrid– con el característico estilo lúgubre y atormentado de sus pinturas negras. Las parcas goyescas dan miedo. El genio aragonés plasmó esa tiniebla que le envolvía en su etapa final, cuando uno ha tomado conciencia de su finitud, cuando se acentúa el temor al corte inesperado del hilo que puede acontecer en cualquier momento, sin que dioses ni hombres tengan nada que hacer.

En la cultura romana, una de las Parcas se denominaba *Nona*, de nueve, puesto que nueve son los meses de gestación. La tercera, la más temida, se llamaba *Morta*, y no solo decidía cuándo, sino también cómo moría el individuo. En el foro, las tres parcas estaban representadas por las esculturas llamadas popularmente *Tria fata*. *Fatum* era el destino, un destino que puede ser fatídico, a veces. Los nórdicos, en cambio, sitúan a las tres Nornas en las raíces de su gran árbol, un fresno que ellos consideraban cósmico, llamado Yggdrasil, donde van tejiendo el tapiz colectivo de los destinos con cada hilo individual. En un contexto más alejado, en la tradición hindú, la diosa Maya es la tejedora de las ilusiones, la creadora del gran tapiz del mundo, puesto que la realidad es siempre ilusoria. En nuestra sociedad del siglo XXI, tecnológica y apresurada, donde vivimos obsesionados por atrapar el tiempo, para exprimirlo, deberíamos interrogarnos acerca de lo que estamos haciendo con el tiempo que las Moiras nos conceden.

En la Grecia antigua, el arte de tejer era una de las tareas femeninas principales y se debía aprender desde temprana edad. Para los griegos, la divinidad que inspiraba esa maestría era Atenea, patrona de artes y oficios y, muy especialmente, de la destreza con el telar. La diosa del casco y la égida era una experta de ese tejer literal y del simbólico, como sagaz trenzadora de pensamientos y estrategias. En *La Odisea*, ella infunde astucia a los protagonistas en muchas ocasiones, tanto a Ulises como a Penélope, cuando parece que el desaliento los invade. Es su diosa protectora.

Como ofrenda para Atenea se tejía anualmente un peplo sagrado. Subirle al templo esa tela creada en comunidad para la diosa, en una procesión ritual, era la parte más solemne de las célebres fiestas Panateneas que se celebraban en Atenas cada verano –y con especial énfasis cada cuatro años, en las Grandes Panateneas–. La ciudad, que toma el nombre de la propia diosa, *Athena*, se encargaba de renovar ese tejido y de llevarlo en procesión hasta la Acrópolis, donde se le hacía entrega. Tejer para la divinidad era una actividad sagrada que realizaban con esmero y durante muchos meses algunas privilegiadas chicas vírgenes o *parthénos*. El término «virgen» o *parthénos* dará nombre al Partenón, el gran templo dedicado a esta divinidad que no conoce marido ni se prodiga en amores. Las doncellas eran especialmente seleccionadas entre familias respetables para la confección coral del manto destinado a la diosa. El arte de tejer quedaba así sacralizado. Las niñas debían dominar el hilo y el telar; era el trabajo que definía lo femenino, el arte de la delicadeza.

Penélope es el personaje femenino principal de *La Odisea*. Su telar es un icono que todavía identificamos (Fig. 3). Ha soportado el paso de los siglos. Los poemas homéricos son de los más antiguos que se conservan dentro de lo que denominamos literatura clásica. Y, como es sabido, fijan por escrito relatos de muchas generaciones anteriores que se habían transmitido oralmente. Penélope no es la única que aparece tejiendo en los versos homéricos. Eso nos indica lo ancestral de la actividad. En distintos cantos de *La Ilíada* y *La Odisea* se nos presentan imágenes fugaces de mujeres vinculadas con el acto de tejer. La maga Circe en su palacio o la ninfa Calipso en sus cuevas también lo hacen. Areté, reina de los feacios, se pasa los días hilando ricas telas. Helena, en Esparta, es descrita con el capazo de la lana y el torno de hilar. En *La Ilíada*, ella misma está tejiendo una gran tela púrpura donde perfilaba aqueos y troyanos, urdiendo con sus hilos una crónica de la propia guerra de Troya. Batallas bordadas en un gran tapiz. Andrómaca es aconsejada por su esposo Héctor, el gran príncipe de los troyanos, para que regrese a hilar, y ordena a las esclavas que también se apliquen en el trabajo. Formaba parte intrínseca de lo que se consideraba el universo femenino y, en múltiples ocasiones, los varones ordenan que regresen a esa tarea específicamente femenina que se practica en reclusión.

Hay una escena de los primeros cantos de *La Odisea* en la que Penélope baja de sus aposentos a la gran sala, y allí en-

Figura 3. **Penélope y Telémaco.**
Skyphos ático, 440 a.C.
Museo Nazionale Etrusco di Chiusi, Chiusi

cuentra a un aedo que actúa ante los pretendientes cantando sobre las dificultades que los héroes griegos encuentran para regresar a casa. A ella le duelen esas palabras y pide al bardo que elija otro canto, más alegre. En ese momento interviene su joven hijo Telémaco ordenándole que regrese a su cámara y se ocupe de su trabajo, que son el telar y el huso, porque lo de hablar es cosa de hombres. Mary Beard, la célebre catedrática de clásicas de Cambridge, ve en este episodio tan antiguo un claro ejemplo de ese querer silenciar la voz de las mujeres en la esfera pública que aún pervive. Beard se lamenta de que todavía hoy las voces de las mujeres no se oyen públicamente, un tipo de sordera muy instalada, del mismo modo que muchas mujeres que hablan en público reciben insultos y amenazas. Hablar en público con autoridad es cometido masculino, el telar, tarea femenina; esta es la división que aparece en las primeras pruebas escritas de la literatura occidental.

Desde una perspectiva feminista, también hizo una revisión del mito la escritora canadiense Margaret Atwood, en su novela *Penélope y las doce criadas* (2005). En ella es Penélope la que nos habla. Critica al marido desde la primera página, acusándolo de ser un mentiroso y un especialista en escabullirse, y se niega a que su talante de mujer sumisa y prudente sirva de modelo para las demás, no quiere que nadie pase por lo mismo. Con refinada ironía, Atwood ataca el patriarcado y desmitifica las figuras homéricas dando impulso al papel de las mujeres.

Ciertamente, la vida de las damas de la aristocracia homérica transcurría en reclusión. Encerradas dentro de sus cámaras, serán multitud las figuras femeninas que utilizan el trabajo textil como medio para expresarse, para refugiarse, para encandilarse. En las casas de la antigua Grecia había un espacio reservado únicamente para las mujeres, tanto las legítimas esposas como las hijas, sirvientes y criaturas pequeñas. A esas estancias, que solían estar en el primer piso si la construcción era grande, se las denominaba *gineceo*, que procede de la palabra *gyné*, que significa «mujer» –y de donde derivarán términos actuales como «ginecología» o «misoginia»–. También se han escrito ríos de tinta sobre los misterios de los gineceos. Para las féminas de cada linaje, el gineceo era su territorio y el telar, su momento, probablemente su forma silenciosa de concentrarse, evadirse y distraerse. También de expresarse, un modo de orar. El incesante tejer se puede ver también de forma mágica, mujeres trazando el destino de los hombres, como interpretó Sarah Pomeroy.

Ese hogar, llamado *oîkos*, que aparece en las narraciones griegas, se correspondía no únicamente a la vivienda, sino también a la hacienda que forma parte de la propiedad. Englobaba la casa y las personas que en ella habitaban y trabajaban, en una jerarquía estipulada. No es únicamente un dominio, es una unidad de producción en la que se cultivan los huertos, se cuida el ganado y se produce la artesanía doméstica. Su interior alberga una pequeña comunidad humana donde el servicio convivía a diario con los señores. Oikonomía es el arte de administrar bien el *oîkos*; de aquí derivará la palabra «economía». En el interior de la construcción principal de esa unidad residen esposas e hijos de reyes; en Ítaca, en Esparta, o en cualquier otro territorio, configurando un visible centro de poder.

La larga espera de Penélope encerrada en los aposentos de su palacio se sostiene gracias a la trama urdida con audacia, esa confección infinita del sudario de Laertes, padre de Ulises. Todos conocemos el secreto desde hace siglos. Tejía de día y deshacía de noche. Tejer y destejer, un gesto ritual, como un ciclo inevitable, como el de la luna en el cielo, el de los vientres abultándose hasta parir, el de las sangres menstruando en noches oscuras, el de la serpiente renovando su piel, o la tierra abriéndose en brotes. Tejer y destejer, como en un compás fijo, para que la red de pretendientes no la atrape y el desconsuelo no la derrumbe. Para mantener, de alguna manera, su independencia. Un metrónomo con tempo establecido. Cada amanecer el telar está limpio, se inicia la misma tarea en un ciclo imperturbable. «Porque toda mi vida ha sido destejer… Bordar, soñar… y despertar por las noches, despertar de los bordados y de los sueños… ¡destejiendo!», nos dice el personaje de Penélope en la obra de teatro *La tejedora de sueños*, de Buero Vallejo.

Esa actividad femenina y recatada nadie la podía reprobar. Se desarrollaba en las estancias íntimas, territorio protegido de intramuros donde elaborar un sudario sin fin. Se requiere paciencia para desenredar cualquier cosa. La paciencia, dicen, es la antesala del amor. La mente, siempre alborotada, tiene prisa, pero los ritmos interiores piden tiempo, silencio y calma. Actualmente, en algunas poblaciones de la costa aún podemos observar zurcidoras –y zurcidores– reparando las redes de los pescadores, sentadas en sillas de madera muy bajas. Cosen, anudan, revisan. Tradicionalmente lo hacían a diario, llegaban las barcas y la tarea se reanudaba de nuevo. Penélopes eternas sobre asientos de enea trabajando bajo el vuelo de las gaviotas. En el lenguaje coloquial se utiliza la expresión «tela de Penélope» para referirse, en sentido irónico, a aquellos plazos que se dilatan de forma incomprensible, o aquellos procesos que se paralizan durante largo tiempo.

Penélope utilizó durante muchos años esa estratagema, aparentemente ingenua, de hacer, deshacer y vuelta a empezar, y así contenía el embate de los pretendientes y robaba tiempo al tiempo de un idealizado regreso del rey. De todos los héroes de la mitología griega, Hércules sea quizá el más fuerte, Aquiles, el más valiente, pero Ulises es el más astuto, el *polýtropos*: «el versátil, el sagaz, el ingenioso, el inteligente, el rico en medios, giros, recursos, salidas», como nos detalla Aída Míguez en su *Visión de la Odisea*. Penélope es su versión en femenino. Su forma inteligente de actuar, desde una posición pasiva, se puede equiparar a los mil ardides que el héroe despliega durante sus aventuras en la larga singladura por el Mediterráneo. Como muy bien apunta Finley, el término «héroe» no tiene género femenino en la edad de los héroes. Los valores de espera, paciencia y lealtad que ella encarna no se consideran heroicos, no aportan gloria.

Para los héroes épicos, esa gloria, que denominaban *kléos*, era la meta, el objetivo, el impulso motor. Todos los esfuerzos y penurias se superaban en pos de alcanzar esa fama o *kléos* que garantizaba, en cierto modo, la inmortalidad, o lo máximo a lo que se puede aspirar si no se es de sangre divina. Los poetas cantaban los hechos que tenían *kléos*; sin ellos, la épica se quedaba sin contenido. Una de las grandes preocupaciones de Telémaco, hijo de Ulises, es saber si su padre sigue vivo o ha muerto durante la navegación, porque si su muerte fue por naufragio, no obtendría la gloria. O se moría luchando con coraje en el campo de batalla, o el *kléos* se desvanecía. Penélope, a su vez, teme que a su joven hijo le ocurra algo antes de haber podido cumplir alguna gesta por la cual posteriormente pueda ser recordado con respeto. Ante esa ética del héroe homérico, Penélope es una figura que no podría definirse como heroica; sin embargo, consigue sobrevivir. No tiene fuerza física, pero sí resistencia interior. No blande espadas y lanzas, pero sí tiene armas, de mujer. Sus hilos han sido bien urdidos, como sus planes. Aunque no presente batalla, vence, porque lo soporta todo: la incertidumbre, la añoranza, la pena, el vacío, el asedio, el despero, la soledad, el aislamiento, las dudas, las tentaciones, las flaquezas, el cansancio, la rutina. Lo suyo no es inocencia, es perspicacia. Ha tejido una estratagema audaz.

Joseph Campbell comparó a Ulises con el sol y a Penélope, con la luna. En un sentido simbólico, la pareja, lo dual, se equilibra en la polaridad. Entre la acción y la espera, lo diurno y lo nocturno, lo exterior y lo interior, el viaje y el hogar. Ella deshace en la oscuridad de la noche para alargar el momento de la decisión. Los que anhelan sus bienes y su cuerpo no buscan su amor, codician su reino. Ella aplaza con esperanza. Como lectores, en la evolución de *La Odisea*, repleta de saltos en el tiempo, sabemos con certeza que Penélope es, sin ninguna duda, el final de trayecto, la hermosa luz que ilumina el viaje. Apreciamos que el navegante Ulises no pierde el norte a pesar de sus naufragios y sus desventuras porque tiene en mente a su discreta Penélope. Pero ella no lo sabe, ella resiste con estoicidad durante un prolongado tiempo que no puede augurar cuándo finalizará. Lo espera entre lágrimas sobre su telar.

En el arte aparece a menudo en actitud meditativa, con la cabeza apoyada, pensativa, soñadora. Así nos la muestra John Roddam Spencer (Fig. 1), melancólica ante un alto telar, en un momento de abstracción en el que ha detenido la tarea y sujeta un único hilo negro. Se observan las madejas de distintos colores a sus pies, con las que está confeccionando un primoroso tapiz en el que se intuye una dama y bandas con distintas inscripciones. El artista no la ha recreado en sus aposentos, sino en un jardín, donde una criada está recogiendo frutos a sus espaldas. Una tela rojiza, apoyada en una rama, sirve para cubrir el trabajo, para esconder esa pieza textil interminable. Penélope está triste, completamente inmersa en sus pensamientos, quizá preguntándose el sentido de lo que está haciendo, resignada a una espera que no sabe cuándo va a terminar.

Para los griegos posteriores a Homero, Penélope llegó a ser un modelo que seguir. Poseía todo lo que se podía esperar de una esposa en esa sociedad patriarcal de guerreros: la castidad, la fidelidad, la mesura, la discreción y la belleza. Cuando aparece engalanada con los dones de Afrodita, los pretendientes, al verla, sienten como les tiemblan las rodillas. Su atractivo físico no ha menguado, pero es su comportamiento el que resulta ejemplarizante. La diosa Atenea, casta y estratega, fue quien le puso en mente acicalarse para intensificar el deseo de los pretendientes, ser más admirada y respetada. Para ayudarla en esta tarea, Atenea le infundió sueño, le limpió el rostro, la hizo más alta y más blanca que el marfil. Estos atributos son sinónimo de belleza deslumbrante con la que los hechiza a todos. En la versión homérica, a pesar de ser objeto de deseo, ella no cede, mantiene su lealtad hasta el final. Penélope es la contrafigura de sus excéntricas primas: la malvada Clitemnestra, infiel y asesina de su esposo Agamenón, o la desleal Helena de Esparta, que traiciona a su hogar y provoca una larga guerra, trágica para todos.

También es una contrafigura en relación con las ninfas que Ulises se ha encontrado por el camino, la maga Circe, que con sus dotes de hechicera seduce y manipula a los humanos, o el personaje de Calipso, con quien Ulises permanecerá siete años. Si transcurren diez años durante los que el héroe navega a la deriva en su camino de regreso desde la guerra de Troya, siete años es una proporción muy elevada para permanecer al lado de cualquier otra persona de forma ininterrumpida. La estancia en esa isla solitaria de Calipso, alejada de todo, una tierra llena de violetas y perejil, el «no-lugar» para muchos, constituye un amplio paréntesis en el *nóstos* de Ulises. Cuando Calipso intenta retener a este hombre inteligente que ha alegrado sus solitarios días, le ofrece algo muy tentador: la inmortalidad. Un precio que cualquier ser humano anhelaría. Permanecer por siempre joven, a cambio de establecerse allí con ella. El precio de la compañía. ¿Podemos comprar el amor?

Ulises, sumido en una profunda nostalgia por el hogar, declina el ofrecimiento, se niega a ser inmortal. El navegante lleva mucho tiempo sentándose ante el mar y llorando, por su patria y por su mujer. Llorar no es signo de vergüenza o debilidad para los héroes homéricos de la Edad de Bronce. Nadie es menos viril por llorar. Las lágrimas fluyen libremente tanto en *La Ilíada* como en *La Odisea.* Este hombre, que con sus mil argucias ha superado todo tipo de percances, este hombre que ha seguido el impulso natural de sobrevivir a cualquier precio, ahora tiene una oferta de inmortalidad. Sabe que Calipso, por siempre joven y bella, le brindaría una vida sin esfuerzos, en esa isla apacible y alejada. Pero él quiere seguir su camino hacia su discreta y prudente Penélope, que no será nunca tan hermosa como una diosa, y que envejecerá con el paso del tiempo. Escoge su vida de mortal, real, auténtica, tangible, dolorosa y apasionada. Lo prefiere a una eternidad regalada. Se entrega a un viaje que es singularmente suyo. Asume el riesgo de perseguir lo que su corazón le dicta. Confía en él y en sus capacidades. No abandona la búsqueda de su ser, que es la esencia de la vida humana. No teme lo que le pueda ocurrir, a pesar de los mil peligros que ya conoce. La suya es una postura no defensiva ante la vida. Quedarse a cambio de confort no le compensa. Todo tiene un precio y está dispuesto a pagarlo para intentar alcanzar su hogar. ¿En cuántas jaulas de oro entramos deslumbrados por sus barrotes?

Ulises ha tenido muchas tentaciones por el camino, pero regresa a los brazos de esa esposa que ha mantenido viva en su recuerdo. Desea fundirse en un matrimonio basado en esos valores de comunión, aunque sea fugaz, como todo en la vida humana. Ha sobrevivido gracias a ese aliento palpitando en su corazón. Su patria es ella. Ítaca sin Penélope no tendría sentido ni contenido. Lo que te acoge no son las paredes de los palacios; es la calidez humana y el vínculo tejido lo que te hacen sentir como en casa. La inmanencia del recuerdo de Penélope durante su largo divagar por el mundo es lo que propicia el retorno a su isla, a ella, o a eso que ellos, juntos, forman. El amor consiste en que dos soledades mutuamente se protejan, se limiten y se reverencien, escribió Rilke.

Ulises había partido de Troya con doce naves llenas de tripulantes, pero después de su largo periplo, pisará su isla de nuevo completamente solo y con apariencia de mendigo, para pasar desapercibido. Una vez dentro del palacio, se las ingeniará para aniquilar a todos los pretendientes que acechaban impunemente a su mujer y a las criadas que habían sido desleales con ellos. El encuentro entre los esposos es un momento extraordinario y fundamental para el desenlace. Penélope no sabe quién es ese huésped vestido con andrajos que ha vencido a los demás contrincantes tensando el arco de su añorado marido. Lo tiene delante y no lo ve. ¿Cómo reconocerse de nuevo después de tanto tiempo? Pasadas dos décadas eres otra persona. Partió un joven padre recién casado, regresa un hombre curtido por una guerra y por un largo navegar en el que se ha enfrentado a todo tipo de riesgos. Ella era una madre primeriza y ahora es una mujer adulta que ha sufrido mucho, que ha tenido que trazar una estrategia defensiva perdurable, que ha criado a un hijo sola, y que ha soportado una amenaza sin tregua.

Cómo re-conocerse, o volverse a conocer. Requerirá una señal secreta, aquello que únicamente los amantes saben. Será de nuevo rey si lo reconoce su reina. El palacio lleno de caos recobrará orden si esta pareja se recompone y se vuelve a situar en su lugar, si recupera su cualidad de centro en el reino de esa isla, ese núcleo cumbre que deviene referencia a su alrededor. Penélope identifica que el desconocido es su esposo cuando este reacciona ante la preparación del lecho. Solo Ulises, que lo había confeccionado años antes con sus propias manos, sabía que ese tálamo era inamovible. El lecho lo construyó él con la madera del olivo que crecía en medio del palacio, lo confeccionó sobre ese árbol tan griego y tan mediterráneo, tan arraigado a esa isla, tan vinculado con Atenea. De ese tronco sacó Ulises la materia para elaborar la cama conyugal donde arraigar su amor. No podía moverse, y él lo sabía. Ningún extraño lo hubiera podido siquiera sospechar.

La unión de la pareja se produce en los lechos nupciales. Es un lugar de intimidad, donde todo lo que acontece no tiene testigos. Allí se concibe la descendencia legítima y se expresan los secretos más privados. En esa velada de reencuentro, después de tanto tiempo, Penélope y Ulises necesitan una noche larga para gozar del placer –entendiendo ese placer como el amor carnal y el amor por la palabra compartida, como apunta Claude Calame–. Tienen tantas cosas que contarse. Todo lo que han hecho y sufrido durante veinte años. Superar las adversidades, ingeniárselas de mil maneras para alcanzar ese momento final de reencuentro. Para que la pareja pueda regocijarse en esa merecida noche compartida, la diosa Atenea, una vez más, los cobija y ayuda. Se relata, en el canto XX, como Atenea «impide a la Aurora el enganche de los caballos: de esta manera la claridad del alba, enemiga de los amantes, no llegará tan pronto a los esposos que apenas se han reencontrado».

Atenea a lo largo de *La Odisea* los ha acompañado y se les ha aparecido numerosas veces. Los griegos consideraban que nuestras emociones estaban estrechamente vinculadas a lo divino. Si el deseo se asociaba con Eros, la furia con Marte o la inspiración con las Musas, Atenea lo que infundía era sabiduría y valor. Sus apariciones ayudan tanto a Ulises como a Penélope a reflexionar y a dar un paso más, a confiar en ellos mismos. Penélope, además, ha tenido sueños premonitorios que aparecen contados con detalle en distintos cantos. El mundo onírico se encuentra en territorio fronterizo, entre lo consciente y lo inconsciente, lo visible y lo oculto. En la mentalidad griega, *Hípnos*, la deidad del sueño, y *Tánatos*, la de la muerte, eran hermanos gemelos, hijos de *Nix*, la noche. Consideraban que había una relación, una hermandad, entre el sueño y la muerte, porque el cuerpo se paralizaba y se accedía a estados más sutiles. En los santuarios de Asclepio, la curación acontecía mientras el paciente dormía, y se le acompañaba en el proceso. Es algo muy habitual en todas las mitologías recibir mensajes a través de sueños reveladores. La Biblia está repleta de versículos que hacen referencia a sueños que aportan anuncios fundamentales. Jacob soñó con una escalera que unía la tierra y el cielo; José supo que María había concebido al niño del Espíritu Santo a través de un sueño. En los textos homéricos, también los dioses se infiltran en la vida nocturna de distintos personajes para lanzar sus designios y, cuando amanece, estos poseen nuevas certezas sobre cómo actuar. Todavía conservamos la premisa de consultar con la almohada asuntos importantes, antes de precipitarnos a tomar decisiones. En *La Ilíada* son varios los líderes que reciben información fundamental mientras duermen: Agamenón, Príamo o Aquiles. En *La Odisea* son mujeres: Nausícaa y Penélope. Penélope tiene varios sueños que le aportaran clarividencia sobre los hechos. Obtendrá de sus imágenes psíquicas señales significativas. En uno de sus sueños observa veinte gansos que comen trigo y un aguilón que los mata a todos rompiéndoles el cuello. Y es la propia águila en el sueño la que se dirige a ella y le explica el significado puesto que se trata de una visión veraz, de un augurio. Los gansos son los pretendientes y él, el aguilón, es su esposo que ha llegado y les dará a esos abusadores ignominiosa muerte, como después sucede. El sueño anuncia lo que acontecerá porque Ulises se vengará de todos.

El lenguaje simbólico de los sueños se ha tenido en cuenta en todas las culturas. Joseph Campbell establece un paralelismo entre los sueños, como mitología personal, y los mitos, como los sueños de la humanidad, porque ambos están relacionados con creaciones de la psique. Las imágenes plasmadas en los sueños satisfacen el deseo del instinto, afirmó el psicólogo James Hillman. Soñar es vital. No hay nadie que no sueñe, como no hay nadie que no haga la digestión. Los sueños nos ayudan, metafóricamente, a digerir todo lo que nos ocurre. Sin el trabajo nocturno del inconsciente no podríamos superar los traumas y los sufrimientos que nos acechan durante el día. Es básico para el organismo y para nuestra propia supervivencia. Cuando Atenea infunde sueño a Ulises y Penélope es porque durante ese reposo muchas cosas se reparan a distintos niveles, desde el aspecto físico a la asimilación de las tremendas situaciones en las que se ven envueltos. El soñante accede a esa inteligencia oculta que deviene imagen en la profundidad del sueño.

La conexión entre el mito y la psique es permanente. Una tejedora paciente como Penélope, al igual que otras figuras femeninas que aparecen en cuentos de hadas y leyendas, a menudo se ha interpretado como aquella parte de cada uno de nosotros que se correspondería con el alma, siendo el ego el héroe, centrado en la acción. Cuando el héroe regresa después de muchos avatares consigue fusionarse con su alma interior. Las dos partes son fundamentales para sostener la historia. Bajo este prisma, Penélope sería el alma de Ulises, como Ariadna la de Teseo, Beatriz la de Dante o Dulcinea la del Quijote. Como afirmó Mircea Eliade, todos nosotros somos un poco como Ulises, en busca de nosotros mismos, siempre esperando llegar, hasta encontrar finalmente la patria, el hogar, en que también nos encontramos a nosotros mismos. Cuando el héroe se encuentra con su amada, o cuando cada uno de nosotros toca su propia alma, es cuando tenemos la sensación de conformar un ser más completo, una identidad más auténtica, una persona más profunda que va más allá del personaje que mostramos exteriormente.

Al principio del viaje hay siempre un proyecto, una intención, una llamada al camino. En las leyendas artúricas se le denomina la *queste*. La búsqueda del grial, de la piedra filosofal, la llegada a Ítaca, es el motor que pone en marcha, permitiéndonos superar obstáculos, y no desfallecer en el camino. Pero es el propio viaje, las experiencias de la vida, lo que realmente nos enseña. El camino es el aprendizaje. En la búsqueda está la maduración. El poema de Constantino Cavafis nos recuerda que deberíamos tener siempre Ítaca en nuestra mente puesto que llegar es nuestro destino. Nos invita a no apresurar el viaje. Una vez alcanzada la meta, encontrada de nuevo Penélope, nos habremos vuelto más sabios, y entonces, finalmente, «entenderás ya qué significan todas las Ítacas».

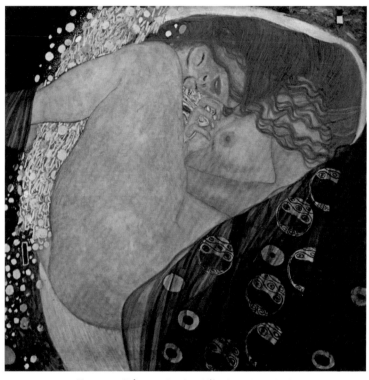

Figura 1. **Dánae.** Gustav Klimt, 1907-1908.
Colección privada

10. DÁNAE:
LA FECUNDACIÓN

«También soportó Dánae abandonar
la luz celeste en camarín de bronce.
Y oculta en sepulcral recinto
fue uncida al yugo de la necesidad,
y eso que, ¡ay, hija mía!,
era honrada de linaje y guardaba en su seno
la semilla de Zeus vertida en gotas de oro».

SÓFOCLES, ANTÍGONA, 944-950

LA VIDA DE LA PRINCESA DÁNAE se vio sesgada cuando su padre, Acrisio, el rey de Argos, fue a consultar el oráculo desesperado por no tener un varón para sucederle en el trono. Solo una respuesta oracular podía calmar la inquietud del monarca. La voz de los dioses fue consultada y se supo que no tendría un hijo, pero sí un nieto, aunque este le daría muerte. Con la solución, llegaba la sentencia. Ante un augurio tan alarmante, Acrisio reaccionó encarcelando a su única hija para evitar cualquier nacimiento que pusiera en peligro su vida, como si la represión fuese la fórmula para mantener el destino bajo control. La clausuraron en una cárcel de bronce, metal inexpugnable. Horacio habla de una torre de bronce, *turris aenea*, con unas sólidas puertas; otros de una cámara subterránea, como una tumba. En cualquier caso, Dánae tuvo que despedirse de la luz del cielo, como relata Sófocles en su *Antígona*. Una princesa confinada en una torre, en una cueva, en una mazmorra, es una imagen repetida en muchos cuentos de hadas.

El mito de Dánae nos explica que no hay muro ni metal que se resista a los poderes divinos ni al porvenir. Zeus, amo del rayo y el trueno, descrito por Homero como el «amontonador de nubes», no tuvo ningún problema en fecundar a Dánae transformándose en lluvia de oro que se derramó por una grieta. Siempre hay una metamorfosis posible para el gran dios, sea en cisne, como cuando se aproximó a Leda; en toro, para seducir a Europa; o en un fenómeno atmosférico: la lluvia. La cámara acorazada, concebida para encarcelar, se transformó en una cámara nupcial a causa de la magia del oro divino esparciéndose sobre ella. El destino se abre paso por la hendidura menos pensada. Y los seres divinos descienden a ras de suelo para concebir algo nuevo, siempre. La divinidad llega y fecunda.

Lo que nacerá de esa unión entre el inmortal Zeus y la joven Dánae ponía al rey en jaque, tal como el oráculo había predicho. Acrisio se aferraba a su trono como cualquier monarca, pero, además, en su caso, antes de ser coronado había tenido que luchar contra su hermano gemelo Preto, con el cual ya se peleaba en el propio seno de la madre. Alcanzar la soberanía supuso tener que superar una confrontación. Dos hermanos enfrentados por el poder es un tema tan antiguo como la humanidad. La historia está repleta de fratricidios históricos y legendarios: Caín contra Abel, entre los hebreos; Rómulo contra Remo, entre los romanos; Seth contra Osiris, entre los egipcios, y por analogía, las rivalidades entre pueblos de todos los tiempos, Atenas contra Esparta, Roma contra Cartago, Israel contra Palestina.

Ningún rey quiere ser destronado. Tan antiguo y tan presente. Los propios dioses batallaban constantemente de una generación a otra por gobernar el mundo. El titán Cronos, padre de los olímpicos, se comía a sus hijos para que estos no ocuparan su lugar. Goya o Rubens pintaron esa ingestión desgarradora con cuadros titulados *Saturno* (Cronos) *devorando a sus hijos* ¿No será que Cronos, el tiempo, lo devora todo, imperturbablemente? Todo pasa, el ayer se convierte en hoy a toda velocidad. Zeus se enfrentó a su padre Cronos y lo venció, del mismo modo que, con anterioridad, Cronos se enfrentó a su padre Urano y lo castró para que no fecundara más hijos. «Matar al padre» es una frase metafórica utilizada en psicología en relación con esa necesidad de eliminar la figura paterna como premisa necesaria para alcanzar la edad adulta. Rechazar al padre para autoafirmarse como individuo es un proceso psíquico complejo que tiene en los mitos múltiples expresiones.

En la vida cotidiana observamos constantemente comportamientos relacionados con los reyes míticos. Cualquier niño, rey de la casa, sentirá celos del hermano pequeño que lo desplace del trono de hijo único y le haga perder los privilegios del reino, que en la infancia consisten en acaparar el tiempo de los padres y obtener dedicación exclusiva. Cualquier jefe aferrado al mando tratará de impedir su relevo en la empresa o en la institución. La sed de poder ha existido siempre y los soberanos, reales y metafóricos, se han defendido a capa y espada para mantenerse en la cumbre.

En la mitología es frecuente el anuncio de la llegada de futuros hijos que desplazarán a sus progenitores por su superioridad. También fue un oráculo el que reveló que el hijo que naciera de Tetis –la nereida más conocida, divinidad marítima inmortal– sería más poderoso que su padre, y, al saberlo, los dioses olímpicos que la cortejaban, Zeus y Poseidón, la cedieron a un mortal para esquivar el peligro y la casaron con el rey Peleo. La boda de Tetis y Peleo fue legendaria y de la unión de este matrimonio nacerá Aquiles, que no fue un dios pero sí un gran héroe. En los mitos heroicos de la Grecia micénica, los protagonistas son los personajes de las grandes familias que regían ciudades como Argos, Micenas o Tebas, pero podría tratarse de cualquiera de nosotros en el ámbito personal, laboral o creativo. Los políticos se aferran a sus escaños, los académicos prefieren no ser jubilados, los viejos roqueros programan conciertos a los sesenta años, los movimientos artísticos entran en declive y el siguiente «ismo» aparca el anterior, lo contradice o lo eclipsa.

Dánae bañada por la lluvia dorada ha sido un tema muy representado en el mundo del arte occidental durante siglos. La iconografía de la lluvia de gotas de oro quedó fijada ya en la cultura griega, donde la apreciamos en distintos ejemplares de cerámica en los que la princesa aparece normalmente sola, sentada en un lecho, recibiendo el líquido milagroso. A finales de la Edad Media, también se vinculará a Dánae con la virgen María puesto que la concepción divina, sin intervención directa de un hombre, se podía leer como una prefiguración de la Anunciación. Un niño nacido de una madre virgen, fecundada por oro celestial, era suficientemente simbólico para ser aceptado por la Iglesia. En algunas represen-

Figura 2. **Dánae.** Jan Grossaert (Mabuse), 1527.
Alte Pinakothek. Kunstareal, Múnich

taciones del Renacimiento, se aprecia un claro paralelismo entre Dánaes bañadas por el oro divino de Zeus y «Marías» recibiendo el haz de luz que simboliza el Espíritu Santo.

El pintor Jan Grossaert, conocido como Mabuse (Fig. 2), la representa vestida de un azul intenso, sentada sobre cojines rojos, con las piernas separadas y el pecho al descubierto, abierta para recibir la lluvia dorada que cae desde el techo en ese interior circular donde se encuentra ubicada. Esa forma redondeada alude discretamente a la torre de la que nos habla el mito, pero el pintor, en un alarde técnico, rodea la figura únicamente de robustas columnas marmóreas con relucientes capiteles corintios. Entre ellas, el espacio es abierto, y se aprecia una rica arquitectura de fondo en la que mezcla las formas góticas, más propias del norte, con edificios renacentistas con los que ha entrado en contacto durante su estancia en Italia. Hace una síntesis entre la monumentalidad clásica y el preciosismo típico del estilo flamenco, del mismo modo que aúna la tradición pagana y la cristiana en la elección del tema.

No obstante, del mismo modo que Dánae fue, para unos, símbolo de castidad, para otros muchos se convertirá en un ejemplo de lujuria. Una mujer que sucumbe ante la lluvia de oro literal, es decir, ante el lujo. Y entonces la cascada de líquido dorado aparecerá en forma de monedas. Como recordaba Yves Bonnefoy, los antiguos decían que el oro abre todas las puertas. Tiziano –en múltiples versiones–, Tintoretto, e incluso mujeres artistas, como Artemisia Gentileschi (Fig. 3), pintaron atractivas Dánaes desnudas bajo la caída de monedas de metal reluciente que, suspendidas contra el fondo oscuro de la noche, parecen estrellas del firmamento. En estas escenas, que fueron muy reiteradas, se enfatiza la vertiente lujuriosa y codiciosa de la interpretación, añadiendo una criada que recoge las monedas caídas del cielo mientras

Figura 3. **Dánae.** Artemisia Gentileschi, c. 1612.
Saint Louis Art Museum, Saint Louis

abre su delantal. Un dinero fácil que se derrama por encima de una Dánae rozando el éxtasis, un éxtasis que debería ser místico, al estar en contacto con una divinidad, pero que, en conjunto, resulta muy sensual. A partir del barroco se va acentuando ese tinte erótico y frívolo, donde toman protagonismo las nacaradas curvas del cuerpo femenino, dispuesto con gestos displicentes, medio cubierto por telas o mechones de la abundante cabellera. Una actitud impúdica, completamente abierta, al descubierto.

Así se perpetuó la imagen de Dánae, que ha gozado de muchísima popularidad y ha sido interpretada en siglos posteriores con variantes más estilísticas que iconográficas. El célebre pintor austríaco Gustave Klimt (Fig. 1), en un lienzo cuadrado, pintó una excepcional Dánae con tonos tierra y líneas sinuosas. No ha seguido el esquema tradicional de extender a la doncella en un lecho y pintar su cuerpo desnudo de forma visible. Al adaptarse al formato cuadrado, la joven pelirroja está en una posición encogida, aunque terriblemente provocadora. Con los ojos cerrados, apoya su frente en las rodillas y la abertura que se insinúa es tremendamente sensual. El magistral trabajo de dorados en la lluvia, tan típico en la obra de este artista vienés, da un acabado muy luminoso a todo el conjunto. La doncella no goza ni disfruta, está dormida, replegada en sí misma. Es inocente y recatada.

Ya no apreciamos nunca las lluvias metafóricas como una bendición divina, en la naturaleza y en nosotros mismos. La lluvia fertilizadora del cielo sobre la tierra es una metáfora que encontramos en muchas tradiciones. El cielo interpretado como una divinidad masculina se posa encima de la madre-tierra, una diosa que, en etapas primigenias, lo abarcaba todo. En las explicaciones mitológicas de los orígenes del cosmos, después de los caos iniciales, las primeras divinidades eran los elementos básicos de la naturaleza: la tierra, el fuego, el agua, el aire. Para los griegos existía, como tierra, la diosa Gea, o Gaia, que aparece como elemento primordial, pura materia, y así se describe en la *Teogonía* de Hesíodo. Madres tierra en forma de diosas de la fertilidad las hallamos en muchas culturas. En la mitología inca existe la figura de Pachamama, una diosa venerada por muchos pueblos indígenas de los Andes; por ella maduran los frutos y se engendran los vientres. En agosto abre sus entrañas para fecundar las semillas con el amor del sol. Una imagen recurrente: el sol dorado, con sus rayos bajando del cielo, preñando las entrañas de una diosa que dará fruto.

Cuando el agua cae sobre los campos silenciosos y nos deja ese olor imborrable de tierra mojada, se está produciendo la fecundación de lo invisible. Lo sepultado debajo de la superficie, lentamente, se desarrollará en contacto con la humedad. Las semillas inmóviles se abrirán. En su minúscula forma está inscrita la capacidad de generar un árbol milenario, igual que la lluvia que había calado por la rendija de la cámara de bronce ha formado un embrión dentro del vientre de Dánae. De unas minúsculas células, con la gestación, se dará a luz una criatura que, con su evolución, llegará a ser un gran héroe.

En el interior de la tierra, pues, se almacenan también embriones que relucen al emerger a la superficie, raíces con poderes curativos, simientes que darán alimento, minerales traslúcidos, piedras preciosas. Del mismo modo, en nuestros propios subterráneos descansan semillas vitales, promesas de futuro, dones encapsulados que necesitarán aguas de benevolencia para brotar. Si no reciben esa lluvia fertilizadora, no pueden desarrollarse, ni elevarse, y la vida personal se verá privada de su fruto. Somos tierra yerma, aparentemente, hasta que se penetra. ¿Dónde está la rendija por donde puedan infiltrarse las primeras gotas? James Hillman afirmaba que el alma solo se cultiva a medida que tiene lugar la penetración en las profundidades. ¿Cuándo notamos que una gota ha calado tanto que ablanda las paredes duras de nuestras cámaras acorazadas?

La naturaleza nos enseña, con sus ritmos inviolables, que la vida no se detiene, todo florece cada primavera, y ni dioses ni reyes pueden impedirlo. El mito de Dánae también nos lo expone. La fecundación en forma de lluvia de oro no es una lluvia cualquiera. El oro es el metal más noble, más puro, asociado al sol y, por tanto, a una cosa elevada, inteligencia divina, pátina real. Concebirá una nueva vida que llevará el nombre de Perseo, que será llamado a ser alguien ejemplar para la comunidad. Al principio, ese brote de vida incipiente, nacido secretamente y de forma mágica entre las paredes broncíneas de la prisión, se intenta mantener en secreto. Un nuevo ser en esa cámara oscura, criado por Dánae con la ayuda de una nodriza cómplice. Pero el llanto de un niño es difícil de esconder, está diseñado para estimular los oídos pidiendo atención. Cuando la noticia del nacimiento de un hijo llega a la corte, se confirma la predicción del oráculo y se constata que aquella amenaza, que en un inicio eran solo palabras, se ha convertido en una realidad de carne y hueso. El verbo se ha hecho carne, como se diría en términos bíblicos. Y el gran sacrificio de encerrar a la hija del rey no ha servido para nada. Nunca suele ser la solución encarcelar a un inocente.

Los temores del monarca se van sumando y este persiste en negar la evidencia y en desafiar la palabra oracular, alejando a madre y niño de Argos. Pretendemos ahuyentar el problema para esquivarlo, sin comprender que los problemas de fondo residen en nosotros. Aquello que temes te seguirá martirizando, como en las pesadillas, cuando corres y corres sin tregua y lo que te persigue no desaparece porque está en ti, el miedo es tuyo, oscuro y agazapado en tus pliegues internos. El rey Acrisio no fue capaz de eliminarlos a sangre fría, eran carne de su carne, pero intentó poner tanta distancia de por medio como fuera posible. Madre y criatura fueron encerrados en un cofre que se lanzó al mar para que flotaran a la deriva, escena que nos recuerda a otros personajes míticos, como Osiris o Moisés, que también flotaron sin rumbo por las corrientes del Nilo. Osiris en un sarcófago, hasta que su hermana-esposa Isis lo encontró. Moisés en una canastilla, hasta que una hija del faraón lo halló entre juncos.

También es un mito muy común el exilio del niño especial, hijo de padres nobles o divinos, abandonados o forzados a alejarse de sus lugares de nacimiento. Como Perseo, pasarán su infancia en lugares discretos, donde nadie sabe, nadie conoce. Viven con identidades ocultas o todavía desconocidas hasta que resurgen de jóvenes, cuando ya están preparados para emprender las hazañas que los perpetuarán en la leyenda. Rómulo y Remo, fundadores de Roma, fueron abandonados y amamantados por una loba. Edipo rey fue abandonado y criado en otro hogar. El príncipe Paris creció entre pastores antes de recuperar su puesto de hijo legítimo en el Palacio de Troya. La infancia del propio Zeus olímpico transcurrió ocultada en Creta hasta que pudo enfrentarse a su padre Cronos. ¿Dónde crecen nuestros pequeños héroes preparándose para conquistar la autoridad? ¿Cómo los alimentamos y los adiestramos? Aquellos brotes surgidos en contacto con la humedad de la lluvia sobre la tierra deben seguir cuidándose para que la planta crezca. Las raíces nos van a sostener. Antes de que el tronco se eleve, hay que arraigarse en tierra propia. Si hemos descubierto el don que nos puede convertir en héroes, ¿lo estamos atendiendo?

Dánae, aferrada a su bebé, fue abandonada a su suerte. Acrisio quería seguir alejando el peligro que le atormentaba desde que el oráculo vaticinó que su nieto le mataría. Madre e hijo surcaban el Egeo sobre un leño con clavos de bronce sin saber hasta dónde los llevaría el oleaje. Simónides de Ceos inmortalizó el lamento de Dánae al escribir sobre ese episodio del naufragio. Describe cómo la madre, apretando su mejilla contra la del niño, le susurraba una canción de cuna mientras las olas salobres los mecían. Ella tiembla, reza, pide perdón, le ruega a Zeus que el niño duerma, que se duerma su aflicción inacabable. Un orar en la soledad, balanceándose bajo el único abrigo de la oscuridad azul. Ese errático trayecto a merced de los vientos y el azar los conducirá hasta la pequeña isla de Sérifos, en las Cícladas. Según Pausanias, en esa islita, Perseo fue después venerado. Un sencillo pescador fue quien encontró a madre e hijo. Se llamaba Dictis, «el hombre de la red». Suele ser alguien de origen humilde el que salva o acoge al niño abandonado: san José era carpintero; el padre adoptivo de Paris, un pastor.

Perseo crece feliz en un entorno modesto hasta que llega el momento en que es llamado a realizar pruebas. Su gran reto consistirá en matar a la Medusa, la única de las tres Gorgonas que era mortal. Era una criatura temida, un ser maldecido. Tenía serpientes por cabellera, dientes de jabalí, manos de bronce y alas de oro con las que podía desplazarse volando. Su mirada era tan penetrante que podía petrificar al que la observara directamente. La misión consistía en traer la cabeza cercenada de esta criatura monstruosa como presente para el rey de la isla de Sérifos, Polidectes, hermano de su padre adoptivo Dictis. Polidectes estaba enamorado de Dánae, y, de nuevo, la estrategia del soberano consistió en alejar a los que suponen un obstáculo. Enviar a Perseo a una expedición tan arriesgada era una forma de despejar el camino para pretender la mano de su madre.

Perseo recibirá ayudas divinas para realizar su hazaña: un escudo que actuaba como espejo para esquivar la mirada a los ojos; un *hárpe*, o espada curva, para cortar la cabeza de un tajo; un casco que le daba invisibilidad para huir sin ser visto; unas sandalias aladas para regresar volando del fin del mundo, y un zurrón, la *kíbisis*, para guardar la cabeza de la gorgona porque esa mirada seguiría petrificando de todos modos. Se dice que, por ese motivo, Sérifos es una isla de las más rocosas del archipiélago. Perseo se desplazó hasta el extremo occidental del mundo, cerca del país de los muertos, donde residían estas tres hermanas temibles y consiguió cumplir con su cometido gracias a todos los atributos que había obtenido.

Un Perseo victorioso alzando la cabeza de la Medusa se puede ver en la plaza de la Señoría de Florencia, en una posición central dentro de la logia, la galería de estatuas que confiere al lugar la apariencia de un museo al aire libre. Es una escultura de bronce realizada por Benvenuto Cellini por encargo de los Médici, una de las poderosas sagas del norte de Italia durante el Renacimiento. Con una estatua de este tipo, los nobles que la encargaban querían mostrar simbólicamente su poder ante los ciudadanos y los enemigos. Ese uso de las hazañas mitológicas en beneficio de la propaganda política fue muy cultivado por las cortes europeas. Perseo cortando la cabeza de un ser maligno se traducía por Cosme de Médici cortando cualquier amenaza sobre sus dominios.

Esa mirada sobrenatural de la Medusa, a la que se le conocía la capacidad de convertir cualquier cosa en piedra, infundía terror. De ahí que su cara, vista de frente, se colocó en muchos templos, tumbas y monumentos antiguos. La llamaban *gorgóneion* y con su presencia aportaba un tipo de protección mágica. El mito relata que el héroe Perseo se la regaló a la diosa Atenea –divinidad de la guerra y la sabiduría, protectora de muchos héroes–, que se la colocó desde entonces en su pecho para ahuyentar a los enemigos. Este tipo de imágenes tienen un claro efecto apotropaico, es decir, actúan como una defensa sobrenatural allí donde se instalan. Los ejemplos más arcaicos de la Medusa que se conocen son muy grotescos, seres horribles que sacan la lengua, rodeados de serpientes. Las representaciones se irán embelleciendo gradualmente en retratos más humanizados que se irán imponiendo en el periodo clásico y pervivirán en el mundo romano. Han llegado a nuestro imaginario actual reinterpretadas por la publicidad en logotipos tan reproducidos como el de la casa de moda Versace, que se inspiró en la Medusa Rondanini. El poder de esa mirada mítica es ahora utilizado en publicidad para atraer consumidores. Ese uso de los mensajes implícitos en dioses y figuras mitológicas por parte de la mercadotecnia ha sido muy extendido. Camiones Pegaso, que volaran por las carreteras como el caballo alado nacido del cuello abierto de la Medusa. Pulseras con nombre de Pandora, pequeñas joyas valiosas que se guardan en cajas cerradas, o ropa deportiva con el nombre de la diosa alada de la Victoria, *Niké*, que te dará alas.

Perseo regresó a la pequeña isla de Sérifos victorioso, transportando la cabeza de la Gorgona en el zurrón. Convirtió a su padre adoptivo, el bondadoso pescador Dictis, en el rey de la isla, en sustitución de su desalmado hermano

Polidectes, que fue expulsado del reino. Después de distintos avatares, el desenlace de la historia de Dánae se produjo tal como el oráculo había anunciado y Perseo mató a su abuelo, el rey Acrisio, por accidente, con el lanzamiento de un disco durante la celebración de unos juegos. Lo inevitable llega, y el disco, redondo y solar, lanzado por el joven Perseo, alcanzó el pie de Acrisio infringiéndole una herida mortal, y así fue como la voz del oráculo se cumplió. Un desenlace que constituye un bello y expresivo símbolo de la fuerza del destino. El hijo nacido de la lluvia de oro mataba involuntariamente al abuelo con un disco dorado.

Hace mucho tiempo que hemos enmudecido a los símbolos y solemos tomarnos las historias de forma literal, con lo que los matices del mito no se expanden lo suficiente. El astrólogo Richard Tarnas afirmó que el mundo moderno está desencantado porque se ha vaciado de toda dimensión espiritual. Renunciar a esa parte, tan básica y ancestral, nos lesiona en todos los niveles. La necesidad de transcendencia es inherente a los seres humanos. Analfabetos en lenguajes sutiles, nos cuesta valorar el sentido profundo de los mensajes: en qué momento habremos tenido la sensación de que algo nos era revelado como una lluvia dorada derramada sobre nuestro ser. A veces, en sueños, cuando la intensidad de una emoción supera lo que sentimos en el mundo diurno porque vamos tan acorazados que sentimos poco. Quizá la imagen que emanaba del sueño tenía tanta fuerza que no la logramos olvidar, y los iconos de la noche nos acompañan durante el día, pero no entendemos qué nos están diciendo. El sueño expresa algo que ha surgido en el inconsciente sin filtros, sin engaños; de ahí su pureza. Cada uno de nosotros tiene una galería infinita de imágenes propias, intransferibles, incomparables. Llueve oro cada noche. Pero en lugar de acudir a ellas y de tratarlas como un tesoro único, las olvidamos, las consideramos tonterías, no nos fecundan.

En ocasiones, la revelación llega en forma de recuerdos, que nos asaltan abruptamente, una y otra vez. Después de mucho tiempo, sin venir al caso, irrumpe en nuestra memoria aquel rincón, aquella plaza, aquel aroma, aquel viaje, aquella mirada. Y entonces entrevemos que algo que hemos intentado negar y olvidar regresa y nos da directamente donde más duele. Y tras tantos esfuerzos destinados a evitarlo, que a menudo nos amargan –porque encarcelar a una princesa es enterrar nuestra parte más vital–, nos percatamos de que no han servido para nada. Actuar por miedo te seca más. Bendita la lluvia. Si la cámara de bronce se ablanda, quizá empecemos a aprender cómo vivir lo ordinario de forma extraordinaria, es decir, vivir con plenitud nuestra pequeña parte individual inmersa en la totalidad. Ese es nuestro destino. Antes, los dioses fertilizaban la tierra y eso permitía la vida. Ahora, el oro es el dios que, supuestamente, permite comprarlo todo. Y lo que realmente importa no se puede comprar; cuando nos damos cuenta, el *boomerang* nos da de lleno en la cabeza. Como decía Henry D. Thoreau, «aquel cuyo espíritu está en reposo posee todas las riquezas».

Figura 1. **Andrómeda.** Edward Poynter, 1869.
Colección privada

11. ANDRÓMEDA: LAS CADENAS

«Llegado a Etiopía, donde reinaba Cefeo,
encontró a la hija de este, Andrómeda,
expuesta como presa para un monstruo marino».

APOLODORO, BIBLIOTECA II 4,3

«Tras dejar atrás innumerables pueblos,
divisa las comarcas de los etíopes
y los campos cefeos. Allí el injusto Amón
había ordenado a Andrómeda,
que no lo merecía, pagar el castigo que debía
su madre por su lengua».

OVIDIO, METAMORFOSIS, IV, 665

ANDRÓMEDA ENCADENADA. Una joven indefensa atada a una roca sobre las aguas, en el límite entre la tierra, el mar y el cielo, entre la vida y la muerte. En cualquier lienzo se identifica a esa Andrómeda ante el abismo con el detalle inconfundible de las cadenas. Como decía John Berger, la imagen tiene que estar colmada no de parecido, sino de búsqueda. Los artistas dan formas a textos míticos. Lo que nos podemos imaginar al leer el relato se materializa en sus representaciones. Nos ofrecen Andrómedas concretas y universales a la vez, y nos dibujan los símbolos de cada figura, detalles que son puertas que se abren a la historia completa. El símbolo aquí es el de las cadenas. ¿De qué o quién estamos presos?

Andrómeda era una princesa de estirpe, hija de reyes, los de Etiopía. Para los griegos de la Antigüedad, Etiopía era un país lejano y exótico; no se corresponde con el país actual, sino que lo situaban en las costas orientales del Mediterráneo, en el litoral de Fenicia –actualmente Israel–, alrededor de la ciudad portuaria de Jaffa. Se admitía incluso que había dos Etiopías, ambas muy meridionales y próximas al sol, al naciente y al poniente. Otras razas, otros pueblos. El color negro de los etíopes se atribuía también a un mito, el de Faetonte, hijo del Sol, que rogó a su padre que le dejase conducir su carro con el que se acercó demasiado a la Tierra y estuvo a punto de incendiarla. Accidentalmente, convirtió en desierto muchas áreas y quemó la piel de los etíopes, lo que la oscureció mucho.

La madre de Andrómeda, la reina etíope Casiopea, en un ataque de vanidad, presumió de ser más guapa que las Nereidas, ninfas marinas. Esa soberbia desencadenó la ira de Poseidón, dios de los mares, que como castigo envió un intenso diluvio y un temible monstruo de las profundidades que asediaría el reino. El castigo del diluvio es común a muchas tradiciones. La Biblia nos habla de él, haciéndose eco de otras grandes tempestades mesopotámicas. Algo hay que limpiar cuando llegan aguas tan abundantes. Noé construyó una gran arca para poder alojar parejas de todos los animales, del mismo modo que Deucalión, en la mitología griega, construyó un gran cofre para refugiarse en él con su esposa Pirra a fin de sobrevivir al diluvio que mandó Zeus para destruir a los hombres de la Edad del Bronce. Son aguas regenerativas que indican, simbólicamente, que hay que dejar atrás un determinado tipo de reino obsoleto, un modo de gobernar caduco, una forma de actuar que nos arruina.

Con el diluvio y el monstruo bajo las aguas, el reino estaba en colapso. Se consultó el oráculo de Amón para averiguar qué se podía hacer ante tal situación. La respuesta fue precisa, solo se podía salvar el reino a cambio de la vida de la doncella virgen. La soberbia se paga cara. Nuestra mirada racional está muy alejada del mundo de los presagios y las profecías, pero en la Antigüedad las voces divinas eran escuchadas. El oráculo de Amón se encontraba situado en un oasis del desierto de Libia, una especie de isla de agua perdida en un mar de arena. Fue consultado durante siglos, incluso Alejandro Magno emprendió una arriesgada travesía para acceder a él, donde fue recibido con grandes honores, como relata Diodoro. Siguiendo ese mensaje emitido por los dioses, la joven Andrómeda fue encadenada a una roca para ponerla al alcance del dragón de las aguas.

El arte ha representado a muchas Andrómedas en este momento de clímax del drama, cuando parece que todo está perdido y el sacrificio humano va a tener lugar. Grandes nombres del Renacimiento y el Barroco, con desnudos más o menos provocadores y rostros asustados, congelaron ese instante de alta tensión. Las fuentes escritas no dicen nada sobre si estaba o no vestida la joven encadenada, pero han proliferado los cuerpos desnudos expuestos a la intemperie. Es visualmente muy dramático y provocador. Al tratarse de un tema mitológico, de seres no reales, los pintores pueden mostrar todo el cuerpo con más impunidad. Existe además una analogía entre desnudo e inocencia, pureza y belleza, aunque se infiltren dosis de lascivia. La mujer sin ropa, indefensa, encadenada, ha suscitado entusiasmo y morbo a partes iguales en el imaginario colectivo masculino. Es la imagen del sometimiento absoluto. Así la vemos en el cuadro de Poynter (Fig. 1), con el mar muy agitado mojándola y la gran tela azul apartada por el viento que la deja completamente al desnudo. A veces, los artistas pintan ojos de terror, de desespero o de tristeza, que se compaginan con gestos tensados en un cuerpo tan desvalido como hermoso. Su origen etíope es simbólico. La representación artística ha persistido en la palidez de sus curvas en los cuadros, puesto que ella era noble. «Atada al mar Andrómeda lloraba, los nácares abriéndose al rocío», escribió Lope de Vega.

Rembrandt (Fig. 2), sin embargo, nos ofrece una imagen que no responde a ideales de belleza. Su Andrómeda está completamente sola ante el peligro. Son visibles en sus muñecas los grilletes de hierro que la mantienen encadenada en una posición difícil, tortuosa, con los brazos alzados. A pesar de mostrar gran parte del cuerpo, con los senos completamente al descubierto, la imagen no es atractiva, como en otros artistas. No hay ni un atisbo de sensualidad. Es una desnudez de indefensión; nos acerca a su vulnerabilidad. La figura aislada reluce sobre la roca oscura. El foco de luz se centra en la piel de la protagonista, blanca y luminosa por contraste. El cielo se funde con el mar entre brumas. El rostro no es amable, desprende una amargura real. Una joven cualquiera temblando, su miedo gravado en la mueca. Con su giro esforzado, intenta divisar el monstruo de reojo, que el pintor no ha recreado. Es una presencia que se puede intuir si se conoce la

Figura 2. **Andrómeda.**
Rembrandt, c. 1630.
Museo Mauritshuis, La Haya

historia en su totalidad. La dama está sufriendo. El final es inminente. No hay rastro del héroe que la va a rescatar, ella todavía no lo sabe. El silencio de la soledad ante el abismo.

El símbolo de las cadenas se ha utilizado en otros pasajes, como en la célebre caverna de Platón, donde los personajes están encadenados en el interior de una cueva desde su nacimiento y lo único que pueden ver son las sombras de algunos objetos proyectadas en la pared. Contemplan las proyecciones sin dilucidar qué fuente de luz produce el reflejo, porque no alcanzan a ver la hoguera. Viven sin saber el origen verdadero de las cosas. Cada uno cree que lo que ve es la realidad. Decía con razón Píndaro que el hombre es el sueño de una sombra. Lo que percibimos es una imagen engañosa, una ficción. Hoy en día miramos muchas pantallas que son ficción, bautizada como «realidad virtual». Y nos distrae de la realidad humana, seguimos en la cueva-comedor con grilletes-pantallas en las manos. Si uno de los habitantes de la caverna platónica pudiera liberarse y mirar hacia atrás, la intensidad de la llama le molestaría, le confundiría. Y si saliera de esa gruta, la luz del sol lo deslumbraría. ¿Nuestra opción será quedarnos en lo cómodo o avanzar hacia la luz? ¿Confundimos comodidad con felicidad? La alegoría que Platón plantea nos coloca en una encrucijada. Para liberarse de las cadenas habrá que dejar atrás certezas muy arraigadas que hemos considerado verdades incuestionables durante mucho tiempo.

También el titán Prometeo fue encadenado con cables de acero a una peña en el Cáucaso y condenado a que un águila le devorase el hígado cada día, el cual se regeneraba durante la noche. Cumplía un castigo porque había entregado el fuego olímpico a los seres humanos, y por ese delito «debía pagar a los dioses con su pena», como narra la tragedia *Prometeo encadenado* de Esquilo. Encadenamientos que se perpetúan hasta que algo, o alguien –y en especial, uno mismo–, lo logra desactivar.

Andrómeda es un ser inocente, fue encadenada por la vanidad de su madre. Su padre, el rey Cefeo, quería terminar pronto con esa pesadilla que asolaba sus tierras. El monstruo los tenía contra las cuerdas. Se apresuró, con dolor, a cumplir el designio oracular y exponer a la princesa a la intemperie. La presión de muchos súbditos, de muchas voces, le impelía a hacerlo sin demora. Quería mantener su reino estable y controlado. Del mismo modo, el líder de la expedición griega hacia Troya, Agamenón, quien deseaba que soplaran los vientos que ayudaran a las naves a zarpar rumbo a la guerra, se vio obligado a cumplir el mandato del adivino Calcante, que fue sacrificar a su hija Ifigenia. Es la voluntad del padre en pos de la necesidad del reino que implica el sacrificio de la hija inocente.

Nos inquietamos cuando las inercias habituales se tambalean, necesitamos restablecer rápido lo que nos aporta seguridad. En la era de internet, esa inmediatez se ha acelerado hasta límites inauditos, no se soportan segundos de espera, se salta de un lugar a otro sin interrupción. Todo queda en lo más superficial. Los monstruos de las profundidades tienen que alcanzar la superficie porque a los estratos bajos nadie intenta acceder. Todo se mueve por encima y se toca solo la epidermis de las cosas. Nos cuesta constatar lo prisioneros que somos de nuestras falsas urgencias y de nuestros puntos de vista, tan rígidos a veces. Como defiende Marquier, no vemos las cosas como son, sino más bien como nosotros somos. El rey y el reino de Etiopía pedían medidas urgentes, tan desmesuradas como sacrificar a la princesa joven, la heredera, que implica empezar a perder, sin duda, parte del reino, de cualquier reino. Sin sangre nueva, no hay futuro. Cuando los jóvenes de hoy se dispersan porque su país no les da oportunidades, todos, como sociedad, perdemos esa savia, su talento, su energía, su alegría.

En el mito, el cambio en el desarrollo de la historia se anuncia con la llegada de los héroes, seres semidivinos que acuden al lugar del conflicto, allí donde late la necesidad. Andrómeda en peligro extremo es descubierta por Perseo, el joven nacido de la lluvia dorada de Zeus sobre Dánae. Observó el peligro desde el cielo, cuando volaba de regreso a su hogar después de haber matado a la gorgona Medusa. El vencedor de la Medusa fue vencido ante la mirada de Andrómeda, concluyó el astrólogo latino Manilio. Se enamoró de ella desde el primer momento y pactó con sus padres que acabaría con el monstruo acuático a cambio de su mano.

El viajero griego Pausanias situó en la costa Palestina, en Jaffa, la roca donde Andrómeda estaba atada. Parece que en una hendidura se conservaron señales de las cadenas hasta mucho tiempo después, como observó Plinio el Viejo. Es imposible trazar una geografía precisa que encaje con los mapas reales; nos sitúa en unas coordenadas simbólicas. La región donde habitaban las Gorgonas estaba en poniente, porque habitar más allá de los países de los mortales significa estar en zona oscura, es decir, por donde se pone el sol, en occidente. A continuación, narra el mito que Perseo ascendió hasta el país de los hiperbóreos, «más allá del país de Bóreas», hacia zonas septentrionales, porque el Bóreas es el viento del norte –nosotros seguimos hablando de aurora *boreal* o de *tierras boreales*–. Después, Perseo alcanzó la tierra de los etíopes, que estaba en el sur. Las coordenadas oeste, norte, sur, confecciona un largo trayecto por un mapa mítico volando por los cielos.

Del mismo modo, no se puede entender de forma racional cómo Perseo, de dimensión humana, mató en solitario a un dragón de las aguas gigantesco. Cada vez que un mito se interpreta literalmente, su sentido se pierde. Perseo fue dotado de armas mágicas. Los héroes llegan bajo protección; no pueden ser eliminados. Con su habilidad característica y su fuerza inherente, provocan el desenlace. Ovidio narra que para matar al monstruo le hundió el hierro en el hombro derecho. Otros autores, en cambio, cuentan que utilizó la cabeza decapitada de la Gorgona que escondía en su alforja, ya que su mirada todavía conservaba intacto su poder de petrificar. Cuando colocó la cabeza de la Medusa sobre las algas para lavarse las manos, estas también se petrificaron, y a ese incidente se atribuye el origen del coral –como se explica en el libro IV de *Las Metamorfosis*.

Anulado el gran animal marino, llamado Ceto, se restableció el orden. Del caos al cosmos. Las aguas volvieron a su cauce. El reino respiró al fin. Con esa gesta, Perseo se había ganado la mano de la princesa. Nos los imaginamos alejándose juntos, quizá surcando los aires a lomos del caballo alado Pegaso, una imagen de fantasía. Andrómeda y Perseo fundaron la dinastía de los Perseidas. De su hijo Perses descenderán los reyes de Persia, y de su nieta Alcmena descenderá Heracles, el héroe de los doce trabajos.

Todos los personajes de este relato figuran en el cielo en forma de constelaciones. Los griegos las bautizaron con nombres inspirados de sus mitos y siguen siendo una preciosa forma de orientarse en el cielo nocturno. Poseidón puso las imágenes de los reyes etíopes, Cefeo y Casiopea, entre las estrellas. Casiopea es fácilmente reconocible por la intensidad de su brillo y por su característica forma, parecida a una «W» o una «M». Situada muy cerca de la Osa Mayor, señala la Estrella Polar, punto simbólico en la esfera celestial, imprescindible para no perder el norte, puesto que es el más cercano al eje del planeta. Atenea puso la imagen de Andrómeda en una constelación más honorable, nos cuenta Robert

Graves, por su insistencia en casarse con Perseo, su protegido. Cada otoño, este grupo de constelaciones despliega su drama sobre una enorme franja del firmamento septentrional. Alcanza su culminación de medianoche, el punto más alto del cielo, en la segunda semana de octubre.

Existen diferentes versiones sobre el rescate de Andrómeda, pero en esencia es una historia arquetípica de princesas, dragones y héroes que nos recuerda, por proximidad, a la popular leyenda medieval de san Jorge, que también bebe de fuentes antiguas. La representación de este santo hecha por el pintor catalán Bernat Martorell (Fig. 3), conocido también como *Mestre de Sant Jordi* (Maestro de San Jorge), fue ejecutada con un dibujo exquisito. Este artista, uno de los nombres más destacables del gótico internacional, compone la escena a partir de la figura central del santo como caballero, con la cruz roja en el pecho, montado sobre un caballo blanco, en el momento en que está clavando la lanza al temible dragón de anchas alas. No escatima en detalles narrativos, y toda la tabla está repleta de elementos anecdóticos que aportan información: desde los restos de hueso esparcidos en el suelo, hasta las gentes de la ciudad observando el combate desde las almenas, o los huertos adyacentes extramuros. Vinculado al mundo del amor cortés, la princesa, coprotagonista de la escena, aparece en actitud humilde. Luce una lujosa corona de finos acabados dorados que nos recuerda el preciosismo de los talleres flamencos. Cuenta la leyenda que de la sangre que brotó del dragón herido nacieron preciosas rosas rojas, y el caballero le regaló una de ellas a la dama, de ahí la tradición, que se sigue celebrando el día 23 de abril, mes de lluvias y flores.

La lucha contra el dragón para liberar a una dama o un tesoro –algo valioso, puro y único– es pasaje común en muchas mitologías. En el poema babilónico de la creación –*Enûma Elish*– se describe la lucha del dios sol Marduk contra la diosa Tiamat, un enorme dragón marino. Del cuerpo dividido de Tiamat surgieron el cielo y la tierra, y de sus ojos brotaron los ríos Tigris y Éufrates. Un combate en el origen de los tiempos nos explica que, de la lucha contra el caos, surge el

Figura 3. **Sant Jordi.**
Bernat Martorell, 1400-1452.
Art Institute, Chicago

orden: el aire, la tierra, el agua de dos grandes corrientes fluviales. En el Antiguo Testamento, lleno de resonancias de las civilizaciones del creciente fértil, Jehová despedazó al dragón marino Rahab con una espada, como relata Isaías, que también nos habla del conocido Leviatán, monstruo que agita las aguas cuando se retuerce violentamente y al que el Señor castiga con su espada terrible. El Dios del Antiguo Testamento era enorme, poderoso y temible.

En la mitología griega son varios los dioses que se enfrentan a algún tipo de reptil de grandes dimensiones y poderes telúricos. Zeus luchó contra Tifón, hijo de Gea, la Tierra.

Una criatura colosal a la que consiguió aplastar lanzando contra ella el monte Etna, el volcán de Sicilia. Apolo, joven divinidad solar, hirió de muerte con su flecha a la serpiente Pitón para poder instalar su santuario en Delfos. Los héroes emulan ese comportamiento. El vellocino de oro también estaba protegido por un dragón, y Jasón necesitó la ayuda de Medea para acceder a la preciada piel dorada. Cadmo mató a un dragón que custodiaba un manantial, y al enterrar sus dientes brotaron del suelo hombres armados. Heracles luchó contra una hidra de muchas cabezas, y cada vez que cortaba una, surgía otra nueva.

En la iconografía cristiana, no es únicamente el caballero san Jorge el que se enfrenta al dragón; lo hará también san Miguel, el arcángel que combate a Satán y lo expulsa del cielo. En este caso se escenifica la lucha del bien contra el mal y Miguel, como capitán de las milicias celestiales, protege a la Iglesia de todos los enemigos. En los retablos suele aparecer con la espada o la lanza alzada a punto de clavársela a esa criatura escamosa que cada artista ha recreado prodigiosamente con su imaginación. En la tradición germánica, Sigfrido, protagonista del poema épico *El Cantar de los Nibelungos,* da muerte al dragón Fafnir, que vigilaba un tesoro maldito donde se hallaba un anillo codiciado. Gracias a la sangre se convirtió en inmortal, excepto en una pequeña parte de su espalda. Todas son historias con detalles soberbios.

Este enfrentamiento tan reiterado contra un dragón nos habla de partes esenciales de nuestra evolución como individuos. El caos del mundo es el caos del hombre. Vivimos en los claroscuros; donde hay grandes luces, hay grandes sombras. El dragón ha sido una figura simbólica universal, un animal de fuerza. Han seguido teniendo protagonismo en la ficción literaria y cinematográfica, desde Tolkien, con su dragón Smaug, en *El Hobbit*, a George R. R. Martin en su saga *Canción de hielo y fuego*, que inspiró la serie televisiva *Juego de Tronos*. El término «dragón» procede del latín *draco* y, a su vez, del griego *drákon*, que significa «serpiente». La serpiente es un reptil que aparece en las mitologías desde tiempos muy remotos. Muchas de las grandes diosas de civilizaciones antiguas, diosas madres muy anteriores a las olímpicas, tenían como animal distintivo la serpiente. Con la llegada de las invasiones de pueblos con mitologías y religiones patriarcales, este animal telúrico que acompañaba a la diosa se convierte en un rival, con el que un dios o un héroe deben enfrentarse porque simboliza la lucha contra el caos, y posteriormente la lucha contra el mal. Muchos han visto en este cambio que la mujer, como diosa, quedaba desprovista de todo su antiguo poder. En la tradición occidental, ya desde la Antigüedad, el dragón ha personificado lo que Juan Eduardo Cirlot define como «el adversario» o «enemigo primordial», con quien se ha entablado un combate decisivo.

La serpiente larga y sinuosa que se arrastra por el suelo, muta la piel y es capaz de enroscarse en un árbol se metamorfoseó progresivamente, alcanzando en los mitos esa imagen de bestia fabulosa que conocemos. En el dragón se mezcla una parte de serpiente, y su fuerza ctónica (perteneciente a la tierra); una parte de águila, ave regia del cielo, con capacidad de desplegar amplias alas y elevarse; una parte de león, con su larga cola y su fuerza; también se ha hablado del cocodrilo por la piel, y de elementos de otros animales. Condensa en su ser los cuatro elementos: como reptil, la tierra; como pájaro, el aire; por su boca, fuego, y su hábitat, el agua. En Oriente, las connotaciones son distintas. En algunas tradiciones orientales se asocia el dragón al trueno y a la lluvia. En la India, Indra mató al dragón, titán gigantesco que se ocultaba en las montañas en forma de nube serpiente y retenía cautivas en su vientre las aguas del cielo, nos explica poéticamente Heinrich Zimmer. En Asia Oriental, el dragón se ve como augurio de buena suerte. En China es también símbolo del emperador. En Mesoamérica existe la figura de la «serpiente emplumada», que une las fuerzas opuestas, lo que repta y lo que vuela, lo humano y lo divino, como interpretó el escritor argentino González Frías.

Aunque se le ha representado de mil formas, en conjunto, el dragón aglutina la animalidad en su vertiente más portentosa. Custodia férreamente un tesoro, una princesa, una joya. Se ha apoderado de un bien codiciado, en forma de oro o de lluvia, algo necesario para restablecer la vitalidad de cualquier reino. Una larga galería de héroes ha tenido que superar esa prueba.

Por ese motivo, en el relato de Andrómeda no nos podemos quedar en la lectura literal, y tradicional, de doncella rescatada. Un varón fuerte a lomos de un caballo alado salva a una chica débil injustamente castigada. Podemos intentar una reflexión más metafórica, de más calado. En ningún mito nos podemos identificar únicamente con un solo personaje, o dar prioridad a un episodio concreto. Como en nuestros sueños personales, todos los personajes son creaciones de nuestra psique, todos juegan un determinado papel en la trama de cada noche. Si entendemos la vida como una aventura, todos somos el héroe de nuestra historia, todos tenemos princesas encerradas, reinos asediados, todos cometemos errores, somos insolentes y nos esforzamos por mantener unas apariencias que amagan la verdad. No hay una única lectura de los mitos. Hay muchos senderos distintos para aproximarse a ellos, y muchas paradojas que nos dejan perplejos porque perdimos la senda hace mucho tiempo.

La palabra poética nos saca de la confusión por su precisión de cirujano; con muy poco dice mucho. Quizá la princesa encarna nuestra parte luminosa, dorada y creativa. Ese duende que tenemos todos, y que se encadena muy a menudo, dejando que un tono opaco se apodere de nuestra realidad. El cumplimiento de no sé cuántos deberes o expectativas ajenas nos tiene sometidos a días tan monótonos que no hay lugar para desarrollar lo que somos. Encadenar nuestra Andrómeda es anular nuestros dones, que son tesoros, todo aquello que podría brillar. A veces tenemos una capacidad muy limitada para percibir nuestras propias habilidades naturales. Todos nacemos con un don otorgado, un don que dar. A medida que crecemos tenemos oportunidades para encontrarlo, y después desarrollarlo, para acabar ofreciéndolo. Entonces todo fluye. En cambio, si no se expande aquello que nos identifica y nos singulariza, nos sentimos mal. Muchas veces nos han exiliado de nuestro don, ya no sabemos cuál es. Marion Woodman afirma que «antes de volar hay que arrastrarse». Lo reptiliano y lo celestial. Primero hay que observar qué zonas tenemos bajo penumbra, a qué le llamaríamos monstruo, si nos engulle en forma de amargura o de melancolía.

La pintora norteamericana Georgia O'Keeffe se quejaba en sus cartas del vacío que sentía. Lo encontraba todo mediocre. «Ni me gusta ni me disgusta. Es existir, pero no vivir».

Eso cambió cuando tomó las riendas de su vida, se fue a vivir a Nuevo México y se fundió con esas llanuras áridas de horizontes bajos. El síntoma que delata nuestro malestar es la punta del iceberg. Si no atendemos a lo encadenado, si no nos damos cuenta de que nuestra princesa está en el límite, corremos el riesgo de vivir en un reino gris para siempre. Cualquier adicción, sea aceptada o negada, legal o prohibida, aplaudida o detestable, delata una cárcel interna, denuncia la tristeza honda que nos invade. A veces quedamos atrapados en quejas estériles, como falsos mantras: «no tengo tiempo, no puedo, no sé, no lo tengo claro», y las cadenas siguen enmanillando las muñecas. Rodeados quizá de comodidades, habitamos, sin embargo, un reino interior sin esplendor, con la princesa anestesiada, totalmente inconsciente.

¿Dónde está, en cada uno de nosotros, el monstruo que nos acecha bajo las aguas y nos mantiene cautivos? Nos da la sensación de que los monstruos son exteriores, de regiones inhóspitas, inhabitadas, pero, en el fondo, son regiones propias, interiores, íntimas. Los seguidores de Jung lo llaman la sombra. Nuestros miedos, inseguridades, falsos dogmas, amargas imposiciones. Como sentenció Richard Tarnas, las visiones del mundo crean mundos; y estos pueden encerrarte o liberarte. Muchos son los dictados que nos encadenan. Herederos de doctrinas imposibles, de deberes sin perdón, de culpas sin causa. Hacer lo que toca, tal como está establecido –o como nos parece que está establecido–, puede ir en contra de nosotros, de nuestra naturaleza profunda. La princesa no tiene voz, ni libertad de movimientos. Estamos tan atareados que quizá ni siquiera sospechamos de lo que sería capaz esa princesa, su potencial, su capacidad. No sabemos si somos así o nos han hecho así. Estamos presos en días que se repiten y que nos devoran el hígado cada amanecer, como a Prometeo, condenados a un estilo de vida que nos apaga porque no toca nunca partes sensibles. En nuestros gestos cotidianos, deberíamos imitar a dioses y héroes que se enfrentan al dragón de las aguas inconscientes. El hombre primitivo se esforzaba por forjarse según la imagen revelada por los mitos porque eran un ideal para la humanidad. Hoy no sabemos de dónde sacar esa inspiración y nos cuesta ejercitar el músculo interno que rompa las cadenas.

¿Cómo detectar de qué están formados cada uno de sus eslabones? ¿A través de qué averiguo quién soy yo? ¿Qué me impide ser lo que me gustaría ser? ¿Qué me provoca sonrisas? ¿Qué envidio de los demás, qué detesto? ¿Qué me deslumbra cuando lo veo? ¿En qué situaciones el tiempo me pasa sin darme cuenta? ¿A qué jugábamos de niños, cuando las convenciones y las diplomacias todavía no nos habían tiranizado? A veces, como reacción, para llenar nuestro vacío, intentamos abarrotar todavía más la agenda de actividades supuestamente placenteras, o muy intensas, para poner al límite a nuestra Andrómeda en el precipicio. Aunque sean breves, nos conformamos con chispazos que nos estimulen. Estamos viviendo entre sombras, como los personajes encadenados de Platón. La única cura válida para liberar encadenamientos empieza por constatar que estás maniatado. Como diría Campbell, «la cueva a la que te da miedo entrar contiene el tesoro que buscas».

Figura 1. **El Jardín de las Hespérides.** Frederic Leighton, 1892.
Lady Lever Art Gallery, Port Sunlight

12. LAS HESPÉRIDES Y EL JARDÍN DEL PARAÍSO

«Luego, además la diosa, la oscura Noche, dio a luz sin acostarse con nadie a la Burla, al doloroso Lamento y a las Hespérides que, al otro lado del ilustre Océano, cuidan las bellas manzanas de oro y los árboles que producen el fruto».

HESÍODO, TEOGONÍA, 215-218

CUANDO LOS ÁRBOLES FRUTALES se llenan de flores no podemos evitar pensar en el aspecto que debería tener el paraíso, un jardín de colores vivos, aromas embriagadores, reflejos de aguas y murmullo de fuentes. Los humanos andamos siempre añorando aquel paraíso perdido en el que sc vivía sin prisas ni miedos, en una primavera perpetua. Todas las culturas lo han imaginado: un lugar lleno de maravillas donde los hombres eran felices y no se trabajaba porque la naturaleza proporcionaba el alimento necesario. Los seres divinos, instalados en esos mundos idílicos, gozaban de elixires con propiedades sobrenaturales. Los dioses griegos bebían *ambrosía*; los hindús, *amrita* o *soma*.

Uno de los paraísos más citados en la mitología griega era el Jardín de las Hespérides, situado en el extremo más occidental del Mediterráneo, cerca de la cordillera del Atlas. En su centro crecía un árbol de manzanas doradas que convertían en inmortal a quien las comía. Nos recuerda al árbol de la sabiduría del bien y del mal en el Génesis bíblico, cuyos frutos eran intocables por imposición divina. El manzano de las Hespérides había sido un regalo de bodas de la madre Tierra, Gea, a la diosa Hera con motivo de su enlace con Zeus. La ceremonia ritual tuvo lugar allí mismo, unos esponsales sagrados en un entorno de extraordinaria belleza para el matrimonio principal del Olimpo. Los mortales no tenían acceso al jardín mágico de las manzanas doradas puesto que era un espacio perteneciente a una esfera sobrenatural.

Las tres Hespérides eran las ninfas encargadas de proteger ese árbol sagrado, un eje del mundo que representaba la vida eterna y la fecundidad divina. Custodiaban el preciado fruto de oro junto con *Ladón*, un reptil que algunas fuentes han descrito como un dragón inmortal y otras, como una serpiente enroscada en el tronco. Este animal guardián impedía el acceso al jardín, la inmortalidad que las manzanas otorgaban no se podía conseguir fácilmente.

Son muchos los lugares sagrados custodiados por serpientes, dragones, querubines o seres alados que atajan el acceso libre a un centro espiritual. En el Génesis se explica como el Señor expulsó al hombre y a la mujer del Edén y, en la parte oriental del huerto, puso a los querubines con la espada de fuego para guardar el camino al árbol de la vida. Esa llama encendida cierra el paso, a la vez que indica el punto por donde se halla el acceso. En la cultura mesopotámica se colocaban en las entradas de los complejos arquitectónicos monumentales los *lamassu*, unos toros alados con cabeza humana barbada que cumplían la misión de proteger el edificio e infundir respeto y temor. El arca de la alianza, que el pueblo judío guardaba en el tabernáculo, y después en el Templo de Salomón, estaba coronada por dos querubines alados de oro puro. En el Éxodo se describe minuciosamente cómo debía ser construido este cofre sagrado que albergaría las tablas de la ley. Un recipiente para transportar el símbolo de la presencia divina debía ser cuidadosamente manufacturado con materiales nobles y proporciones armónicas. En los santuarios budistas japoneses hay dos figuras con caras feroces flanqueando la entrada: el miedo y el deseo; si se superan, se puede penetrar en el interior. El acceso a los paraísos no está al alcance de cualquiera.

El centinela del árbol sagrado del Jardín de las Hespérides, pues, se llamaba Ladón. Eurípides lo describió como una serpiente de rojizo lomo. Apolodoro, sin embargo, nos habla de un dragón, hijo de Tifón y Equidna, que tenía cien cabezas y emitía muchas y diversas voces. Solamente un héroe osó enfrentarse al temible guardián: Heracles. Es el único personaje mitológico que logra penetrar en el jardín y vencerlo, en cumplimiento de uno de sus últimos trabajos. En una pieza de cerámica griega, que se encuentra en el Metropolitan Museum de Nueva York (Fig. 3), aparece Heracles en el Jardín de las Hespérides. Lo que se aprecia en el dibujo es una serpiente larga, que destaca por su color blanco, ascendiendo zigzagueante por el tronco del árbol de las manzanas. El gran arquitecto y escultor modernista Antoni Gaudí, en cambio, se imaginó un soberbio dragón de metal que puso en la puerta de la finca Güell como protector de la entrada (Fig. 2), inspirado por este mismo mito.

Unos dicen que Heracles simplemente durmió al reptil para acceder al árbol, otros que lo mató. Según otras fuentes, no fue el propio Heracles quien recogió las manzanas, sino el titán Atlas –que fue en busca de las frutas doradas, mientras Heracles, ocupando su puesto, sostenía temporalmente la bóveda del cielo–. La constelación que lleva por nombre Draco alude a este dragón custodio. La diosa Hera decidió ponerlo en el cielo porque las manzanas de oro que él vigilaba habían sido el regalo de bodas que había recibido de Gea, y quiso destinarle un lugar de honor en el firmamento. Es una constelación larga del hemisferio norte, con la forma sinuosa de una serpiente, compuesta por una hilera de estrellas poco brillantes, situada cerca de la de Hércules (nombre romano de Heracles). Las manzanas que Heracles tomó del árbol sagrado fueron restituidas de nuevo tiempo después por Atenea al Jardín de las Hespérides, puesto que la ley divina prohibía que esos frutos estuvieran en otro lugar.

Como todos los jardines míticos, el de las Hespérides estaba situado en los confines de la Tierra, al borde del gran océano. Para los griegos, la parte más occidental del Mediterráneo, más allá de Cartago, era *terra incognita*. El sol se ponía en esas latitudes y ofrecía un espectáculo luminoso cada atardecer, cuando, en contacto con el mar, cortado por el horizonte como una media manzana, encontraba su muerte en las olas de Occidente, como lo describe Robert Graves. Las Hespérides eran, pues, «ninfas del ocaso» que cantaban

Figura 2. **Puerta del dragón.**
Gaudí, 1885.
Pabellones Güell, Barcelona

himnos desde su hogar en tierras de poniente. Una vez el sol desaparecía en el horizonte, el cielo se teñía de azules oscuros y se alzaba la estrella Héspero, consagrada a Afrodita, la diosa del amor. El nombre de Hespérides procede precisamente de Héspero, la estrella del anochecer, es decir, el planeta Venus (nombre latino de Afrodita) visto por la tarde. Para los romanos, Héspero será Véspero, y de ahí surgirán palabras como «vespertino»

Figura 3. **Jardín de las Hespérides.**
Atribuido al pintor de las Hespérides.
Hidria ática, s. IV a.C.
Metropolitan Museum, Nueva York

y «víspera» en español, o «vespre» en catalán, para referirnos a ese momento en que los últimos rayos inundan las nubes.

Las tres ninfas del crepúsculo tenían nombres tan poéticos como Hesperatusa, la Aretusa de poniente –a veces el nombre se divide en Hesperia y Aretusa–; Egle, la Brillante, y Eritia, la roja. Los griegos llamaron Hesperia a la península ibérica, que estaba en el límite este del Mediterráneo, asociado a los confines del mapa conocido, en conexión con los mundos de la Noche. Las Hespérides, en la *Teogonía* de Hesíodo, eran hijas de la oscura Noche, descendientes directas de esa diosa llamada *Nix*, que había dado a luz a estas ninfas sola, al otro lado del gran *Okeanós* (Océano), personificación del elemento acuático y padre de todos los ríos. En otras versiones, sin embargo, se las consideran hijas del titán Atlas y Hésperis, hija de Héspero, el astro vespertino que anuncia el descanso de la noche.

En las representaciones artísticas solemos encontrar la tríada rodeando el árbol con ropajes ligeros de tonos suaves como las manzanas. Así nos las muestra Frederich Leighton (Fig. 1) en un lienzo circular. Una de ellas sujeta un instrumento de cuerda, una lira dorada, sugiriendo que están entonando cantos. Son personajes femeninos los que cantan en los mitos: las sirenas, las musas, las ninfas y, entre ellas, las Hespérides. Voces melodiosas que tienen la virtud de encandilarnos. Las tres gráciles figuras femeninas se sitúan alrededor del árbol, eje natural que une cielo y tierra, con raíces que se hunden en el suelo y ramas alzándose para tocar las nubes. La serpiente que lo custodia se enrosca en el tronco formando una espiral. La cabeza erguida del reptil nos indica su actitud atenta de vigilante. Este animal telúrico, asociado a tantas divinidades femeninas de la Antigüedad, convive aquí con ellas por la custodia de los preciados frutos de la inmortalidad que se pueden observar en la parte superior, dorados, maduros y abundantes. Los cuerpos jóvenes de las ninfas aparecen completamente relajados aportando sensación de calma. Una de ellas tiene los ojos cerrados, está entrando en el mundo de los sueños. Se apoyan sobre el enorme tronco coronado por frondosas ramas. Habitan en un paraíso. Lo revelan también las aves en primer término que, con sus alas, se elevan a la copa del árbol o al cielo; son de color blanco porque son puras; aparecen en pareja, como las que subieron al arca de Noé, de dos en dos, para perpetuar la especie. El mar de fondo las enmarca en la costa. Si era un jardín idílico para los griegos, el mar debía permanecer cerca.

El término paraíso es muy antiguo: *paradesha* en sánscrito, *pairi-daeza* en persa, *paradeisos* en griego. En la tradición hindú, se habla de una región suprema donde hay una fuente central y cuatro ríos que fluyen hacia los cuatro puntos cardinales. Para los chinos, los ríos son el Oxus, el Indo, el Ganges y el Nilo, que brotan de un lugar mágico común, el lago de los dragones de la sabiduría. Cuatro ríos estructuran también el jardín en el islam y ocho puertas son las que permiten el acceso. El paraíso judeocristiano, el Edén, también tenía un río que se dividía en cuatro brazos e inundaba de vida las cuatro regiones de la tierra. Adán era quien cultivaba ese jardín. Y en él se reproduce la escena con el árbol, la manzana, la serpiente. El jardín del Edén se ha traducido también como «El jardín de las delicias», nombre a su vez del famoso tríptico del pintor neerlandés El Bosco (Fig. 4), una obra maestra del Museo del Prado donde se despliega con extraordinaria imaginación un paraíso de brillantes colores habitado por una densa multitud de seres en plena naturaleza que, en conjunto, conforman un universo lujurioso y vibrante.

El paraíso vikingo era el *Valhalla*, que solo alcanzaban los guerreros valientes muertos en batalla, sito en el reino de Asgard. En la mitología nórdica, el mundo se estructuraba en nueve reinos cohesionados por un inmenso fresno sagrado, llamado Yggdrasil. Este árbol de la vida rezumaba miel y cobijaba a animales fabulosos. En la copa moraba un águila, en las raíces, un dragón, y por el tronco trepaba una ardilla que comunicaba lo superior con lo inferior. En la zona central habitaban los humanos. Lo llamaban *Midgard* o Tierra Media –denominación que nos recuerda la gran obra de Tolkien *El Señor de los Anillos*–. En un punto más elevado se hallaban los gigantes y los elfos de luz; próximos al cielo, los dioses, divididos en dos reinos. Asgard era el recinto de los dioses Aesir, gobernado por Odín, figura principal del panteón nórdico. En el *Valhalla*, que formaba parte de su reino, él preside solemnemente los banquetes con los guerreros muertos con heroicidad. El festín orgiástico, con abundancia de alimentos y bebida, era la recompensa para los miembros de una sociedad que guerreaba y soportaba climas de frío extremo.

En los ciclos artúricos existe una isla mágica, Ávalon o «tierra de manzanas», también situada en el oeste. Es un patrón común asociar esos mundos del más allá con la oscuridad que deviene después de la puesta de sol. El rey Arturo es conducido a Ávalon cuando acaba herido mortalmente en una lucha. Es una tierra, más allá del tiempo y el espacio, donde, según la leyenda, Arturo descansará para después regresar a restituir el mundo perdido. En la mítica Ávalon celta había manzanos que daban fruto todo el año y sus habitantes eran nueve hadas o nueve figuras femeninas de otra esfera. El hada Morgana acompañará a su hermano Arturo herido para guarecerlo.

En el paraíso maya crecía el árbol *yaxché*, lo que conocemos como la ceiba y que hoy es el árbol nacional de Guatemala. Un árbol de tronco robusto que puede alcanzar grandes dimensiones. Como planta sagrada, fundamentaba el mundo y buscaba las alturas. Bajo sus ramas se podía descansar eternamente a la sombra sin necesidad de trabajar. Era lugar de goce y abundancia. En la época de los descubrimientos, por parte de los europeos pervivía la creencia de que el paraíso terrenal mítico estaba literalmente situado en algún sitio, y todos los que zarpaban en busca del nuevo mundo tenían la secreta esperanza de hallarlo. La ceiba era para los mayas un eje cósmico que unía también los tres planos de la existencia, los dioses arriba,

Figura 4. **El jardín de las delicias.**
Hieronymus Bosch (El Bosco), 1500-1505.
Museo del Prado, Madrid

los humanos en el tronco, los infiernos en las raíces. Los esquemas básicos se reproducen en geografías muy distanciadas.

Ha habido, pues, una intuición universal sobre la existencia del paraíso donde las almas moran. Las Hespérides se localizaban allá donde se pone el sol, cuyos rayos inundan el paisaje tiñéndolo todo de cálidos tonos dorados. La misma civilización griega hablaba también del país de los hiperbóreos, imaginados más allá del soplo de Bóreas, el viento del norte. En alguna región del Hades, existían los Campos Elíseos, que formaban parte de la misteriosa geografía del inframundo, y equivalían al lugar de las delicias, donde iban los premiados, en contraposición al Tártaro, la caverna oscura, donde se condenaba a los castigados. La gran avenida de París se designó con el nombre de Campos Elíseos haciendo referencia a ese paraíso griego. Esos campos del Hades fueron posteriormente asimilados a la isla de los Bienaventurados, otra tierra lejana situada en el oeste, «donde humanos divinamente favorecidos seguían viviendo en lugar de morir», como explicó Kirk,* y muy especialmente aquellos que habían sido engendrados por un progenitor divino, los héroes, los justos, los que merecen la felicidad.

La mayoría de los paraísos imaginados gozan de un árbol simbólico, de unas flores especiales y de superficies de agua que reflejan el cielo, porque ese juego de espejos entre los dos mundos es la aspiración eterna y lo que confiere el título de sagrado al espacio delimitado, que lo distingue en relación con lo profano. Henry Corbin hablaba de un lugar intermedio donde lo material se espiritualiza y lo espiritual se

* Kirk, Geoffrey S. *La naturaleza de los mitos griegos*. Barcelona: Paidos, 2002, p. 131

materializa. Él lo designó como *mundus imaginalis* y remite a esas sutiles fronteras entre lo de arriba y lo de debajo de las que nos hablan los mitos del paraíso o los jardines sagrados que intentan imitarlos. Se trata del reino del vacío, de la visión, de la bruma, donde personajes, divinos o semidivinos, habitan o levitan, duermen o descansan. No se puede acceder a él fácilmente, solo los que han llevado a cabo hazañas distinguidas, que no son literales sino simbólicas, los que han evolucionado, han luchado contra adversidades, han seguido el impulso de su desarrollo vital y su realización espiritual. Arturo en Ávalon, Heracles en las Hespérides, Aquiles en los Campos Elíseos, guerreros vikingos en el *Valhalla*. Los héroes arquetípicos nos ofrecen ejemplos para nuestro desarrollo. Desde la lectura poética, todos somos héroes de nuestra vida, todos debemos superar barreras, todos anhelamos momentos que nos sitúen por encima del vivir ordinario, acceder a las esferas extraordinarias.

Los paraísos terrenales están en todas partes y en ninguna, porque nada es literal. No hay un lugar geográfico concreto ni un este del Edén. Lo que anhelamos todos es superar el cansancio que produce lo mundano, agotándonos, para contactar con algo espiritualmente superior, en otro plano, sin turbulencias ni dolor. Recuperar la inocencia. Contactar con la dimensión trascendente de la vida se consideraba esencial para la supervivencia de las gentes que poblaban la Tierra en tiempos más antiguos. Bajo distintos nombres, geografías o disfraces latían las mismas necesidades. Jung dedujo que la psique humana participa de una *anima mundi*. Explorando las mitologías de distintos pueblos apreciamos que ha sido una aspiración universal constante.

Reproducir el paraíso en la Tierra es lo que han intentado los jardines creados por todas las civilizaciones cuando pretendían ofrecer un lugar recogido de paz para el espíritu. Espacios delimitados donde gozar de un entorno que propicie el silencio y la introspección. Es un elemento que comparten muchas tradiciones desde miles de años antes de nuestra era. Varían en función del ecosistema natural y la cultura de cada contexto, pero hay muchos elementos comunes porque todos persiguen el mismo fin: facilitar la necesidad inherente en cualquier humano de contactar con lo trascendente libres de pecado.

En Egipto, las representaciones de antiguos jardines suelen tener un estanque central, y las flores más comunes son lotos y papiros. Los lotos evocaban la rueda solar porque nacían en la oscuridad del lodo y emergían a la luz. Su enraizamiento en aguas turbias no impedía que florecieran sobre la superficie con pétalos puros, intactos, por lo que suponían una analogía con el camino hacia la plenitud espiritual, elevarse de lo oscuro a lo luminoso.

Esas aperturas espontáneas de la flor hacen referencia a la apertura de la conciencia en cada uno de nosotros. Flotar sobre las aguas negras equivale a mantener la calma por encima de las emociones turbias. En la iconografía hindú, del ombligo del dios Vishnu nace un loto, en cuyos pétalos abiertos aparece Brahma. Buda también se asienta sobre un loto. La posición del loto es la que se utiliza en yoga para meditar. En los países de Asia Oriental, el loto es una flor sagrada muy común en todos los jardines.

En contraposición, la flor de Occidente suele ser la rosa. Los rosetones de las catedrales, la rosa de los vientos, la rosa como copa que recoge la sangre de Cristo, el emblema de los rosacruces, la flor consagrada a Afrodita-Venus. Cuenta el mito que la rosa era blanca, hasta que la diosa del amor la tiñó de sangre al pincharse con una de sus espinas cuando fue a recoger a su amante Adonis. El rojo es el color de la vida y el sacrificio. La rosa tiene espinas en su tallo que hacen sangrar, pero cuando se abre la flor, los pétalos perfumados desprenden un aroma inimitable, la esencia. «Para nosotros, activos, espinosos, pasionales, la rosa es un trasunto de Venus», explicó Mario Satz. «Aquí puede observarse cuánto de tierra dominada, de jardín acotado, hay en nuestra concepción del mundo y qué fluida y acuática se quiere para sí el alma oriental que ha hecho del loto su emblema floral más importante».[*]

En Babilonia se construyeron los famosos jardines colgantes, una de las siete maravillas del mundo antiguo. El nombre de Babilonia significa «puerta de los dioses». En su interior albergaban numerosos templos y exuberante naturaleza que impresionaron enormemente a los griegos cuando fue conquistada por Alejandro Magno. Los macedonios se maravillaron con el esplendor de esos vergeles asirios; nunca habían visto tal lujo ni monumentalidad.

Posteriormente, en el imperio persa los jardines tuvieron un papel muy relevante por su significación mística, y se convirtieron en un modelo todavía imitado hoy. En tierras de calor, el jardín equivale a un oasis, aporta frescor, verdor, fruto, sombra, descanso, respiro, refugio. Las célebres alfombras persas son maravillosos jardines tejidos con mil

---

[*] Satz, Mario. *Pequeños paraísos. El espíritu de los jardines*. Barcelona: Acantilado, 2017, p. 49.

colores en una disposición geométrica equilibrada. Desde tiempos inmemoriales, los persas destacaron en este arte, y cada pieza reproducía un pequeño cosmos inspirándose en el medio natural. El islam siguió la misma tradición, y el jardín ocupa un gran espacio en el interior de casas y palacios. Se llena harmónicamente de árboles frutales, flores y juegos de agua, y constituye un paraíso privado protegido del exterior por altos muros. Basta recordar los jardines del Generalife, en el recinto monumental de la Alhambra de Granada, con la gran alberca central. Esta residencia de los reyes nazaríes conserva ese tipo de construcción de recreo que no se concebía sin un jardín con aguas en un fluir ininterrumpido.

Los claustros de los monasterios cristianos adosados a las iglesias, que tanto proliferaron en la Edad Media, siguen siendo hoy un remanso de paz que nos aporta quietud cuando los visitamos. También cristalizan el paraíso. Se estructuran a partir de un árbol, un pozo o una fuente central desde donde parten unos caminos o cursos de agua en forma de cruz, recordando los ríos edénicos, que dividen el espacio verde del interior en cuatro zonas. Cuatro es también un número mágico, el número de lo terrenal, de los puntos cardinales, las partes del día, las estaciones del año, los elementos, los evangelistas. Cuatro es símbolo de lo material, lo tangible, lo sensible, que está por debajo del cielo abierto, que reina por encima, que es una bóveda natural que lo cubre todo. También se ha asimilado el claustro a la Jerusalén celeste descrita en el Apocalipsis. Cada espacio contiene, potencialmente, muchas revelaciones. Blanca Garí y Victoria Cirlot escogieron el título de *El monasterio interior* para el libro donde indagan esa intensa relación entre el lugar y la persona.

Actualmente, los anhelos de paraíso siguen existiendo como ha ocurrido siempre, pero nos es más complejo hallar el *locus amoenus* donde poder replegarnos. Somos una sociedad sin tiempo, sin silencio y sin oscuridad. Sin vacíos. Nos los han arrebatado. Hay que irse muy lejos, escalar una montaña, navegar hasta alta mar, o adentrarse en un desierto para observar un cielo realmente estrellado, para escapar de la luz eléctrica y no escuchar ruidos perturbadores. Decía Thoreau que, en una noche en la que el silencio fuera audible, escucharía lo inefable.

A medida que nuestras vidas urbanas nos han ido encarcelando en entornos artificiales, estamos cada vez más necesitados de una sencillez natural y armónica que los compense. Por eso nos hemos convertido en consumidores insaciables de productos y experiencias en una carrera por encontrar esa preciada paz, la paz de espíritu. El lenguaje publicitario utiliza constantemente alusiones a paraísos en forma de cruceros, de centros de *spa*, de retiros de yoga, de productos con limones salvajes del Caribe. Nos hacen creer que con la posesión de ese objeto o la compra de esa experiencia, la felicidad nos vendrá dada. No es el hedonismo lo que nos aporta bienestar, sino aspectos más elevados de nuestra humanidad que solemos encontrar fuera del bullicio. Al habernos alejado de la naturaleza, nos hemos alejado también de nuestra naturaleza interior. Lejos de los bosques y los lagos, los frutos y las flores, los animales y las rocas, hemos perdido fuerza, nos hemos desvinculado de los ciclos, nos hemos desconectado de nosotros mismos.

Las sociedades primitivas creían que sus almas se prolongaban en los ríos, en los truenos, en las plantas. Todo tenía alma. Si talamos la selva y ensuciamos los océanos, estamos enturbiando paralelamente nuestras aguas interiores y nuestra savia verde. La crisis es ecológica, psicológica y, por supuesto, espiritual. Los intentos de alimentarnos con comida bio, o de practicar el nudismo al aire libre, vienen provocados por lo que Eliade denominaba «la nostalgia del Edén». Anhelamos algo que no sabemos qué es, pero sin lo que nos sentimos enormemente vacíos. El hombre de la Antigüedad vivía convencido de la existencia de fuerzas absolutas, que trascendían la realidad, y que se manifestaban en su mundo fugaz pero constantemente. La pérdida de esa dimensión de la totalidad es uno de los grandes dramas de la época moderna. ¿Dónde y cuándo sentimos la trascendencia ahora?

Cabe preguntarse qué es lo que nos hace sentir como si estuviéramos en un paraíso. Probablemente es el encuentro con uno mismo y con el otro, pero solo cuando se produce desde el corazón. Ese es el jardín que hay que cultivar. Epicuro defendía que el hombre debía cultivarse a sí mismo, devenir su propio jardín. Los encuentros que este filósofo realizaba con sus seguidores los hacía en un jardín. A diferencia de la Academia de Platón o el Liceo de Aristóteles, escogió hacerlo al aire libre, entre los árboles y las flores, y admitir a mujeres y esclavos. Y en esos círculos humanos bajo el benigno clima griego, probablemente se sentían en un pequeño paréntesis paradisíaco.

En el jardín del corazón es donde hay que sembrar las simientes para la fertilidad vital; en el planeta y en cada uno de nosotros. Cuidar el corazón para que nuestras emociones se abran como flores, para que fluyamos como ríos. Sincronizar nuestro ritmo interno y vibrar con el entorno. María

Zambrano insistía en que el corazón es lo único del ser que emite sonido. Vamos a movernos con su palpitar, a realizar nuestra danza propia, a entonar nuestro canto, como el de las Hespérides, el canto al ocaso, a los ritmos cósmicos. Vamos a confeccionar la ambrosía, que es alimento espiritual, lo que nos nutre de verdad, aquello que riega lo que se ha secado por dentro. ¿Cuál es nuestro catálogo de cosas y personas realmente nutritivas? Amigas del alma, geranios en nuevas macetas, paseos por la orilla del mar, la luz abriéndose paso a través de unas nubes, un regalo confeccionado con las manos, caminar sin rumbo, escribir un poema, tejer una bufanda, dibujar un dinosaurio. ¿Cuándo notamos que nuestra criatura interior se puede desplegar?

Cada vez que alimentamos el alma, promovemos su expansión, he aquí nuestra responsabilidad. A menudo, cuando creamos, cabeza y corazón se funden en un mismo acto. El camino del corazón es el camino de la creación. Nos cuesta mucho dejar caer nuestras atolondradas cabezas en las mansas aguas de la calma. Somos una cultura de mentes muy ocupadas con corazones blindados; alrededor del corazón a veces hay muchos muros. Santa Teresa de Jesús hablaba del castillo interior y proponía siete etapas de camino espiritual para llegar a Dios. En el hinduismo sitúan el chakra del corazón a la altura del pecho, a medio camino entre los centros energéticos inferiores y los superiores. También son siete los chakras o ruedas de energía que se alinean verticalmente en nuestro cuerpo, y la serpiente *kundalini*, cuando la podemos despertar de su letargo, sube enroscada en espiral alrededor de la columna vertebral, desde el chakra raíz hasta el más alto, el séptimo, llamado *sahasrara*, localizado en la parte superior del cráneo, y representado como un loto de mil pétalos que simbolizan mil canales de energía sutil para conectarnos con el cosmos. Es una analogía del cuerpo con un árbol: el tronco es nuestra columna, la serpiente, nuestra energía ascendiendo hasta alcanzar la conexión con lo divino. Desde los centros inferiores, de colores rojo, naranja y amarillo, correspondientes a energías pasionales, impulsivas, viscerales, el camino ascendente se detiene en el corazón, y allí es donde se produce la transformación fundamental para poder proseguir hacia los azules de las partes altas que anuncian el color del cielo. El corazón es como un laboratorio alquímico donde se destila la compasión.

En la mitología egipcia, el corazón, que simbolizaba la conciencia, se pesaba en una balanza cuando el difunto llegaba al reino de Osiris. Se depositaba en uno de los platos y en el otro, la pluma de la diosa Maat que velaba por la verdad, la justicia y la armonía cósmica. Si el corazón era ligero como una pluma y los pesos se equilibraban, el difunto accedía al más allá. Si el corazón pesaba como una piedra y la balanza se inclinaba, era devorado por un monstruo. ¿Tenemos el corazón ligero o lleno de pesos? ¿Nos atraviesa una energía de los pies a la cabeza para que podamos arrancar a bailar con duende?

Decía Marion Woodman que, en nuestro acto de crear, somos creados. Debemos recuperar ese instinto creativo, personal, singular e intransferible. Cuando creamos, el tiempo desaparece, nos olvidamos de las preocupaciones, navegamos a favor del viento propio, y todo discurre de otro modo. Los griegos, a ese lapso de tiempo donde fluimos en armonía lo denominarían *kairós*, distinto de *cronos*, que es un tiempo ordinario que se puede cronometrar. Kairós es aquel tiempo en que suceden las cosas que importan de veras, instantes que son eternos. No debemos preguntarnos si habrá vida después de la muerte, sino experimentar lo eterno aquí y ahora, decía Campbell.

Cuando nos dedicamos a hacer todo aquello que no es productivo, materialmente hablando, pero es imprescindible para nuestro espíritu, estamos más cerca de lo que somos. Hacer lo que somos, ser lo que hacemos. El ser humano suele experimentar felicidad en actividades que no tienen más meta que ellas mismas, defendía Mónica Cavallé. Ellas permiten el crecimiento de nuestra esencia. Son momentos fáciles de identificar porque, cuando los vivimos, nos gustaría poder detener el implacable cronómetro. El tiempo se considera oro desde los valores del utilitarismo. Pero, como dijo Maillard, «los dioses callaron. Su mundo y el nuestro se distanciaron. La conciencia del tiempo ocupó el espacio intermedio. Y con el tiempo apareció el olvido». No nos sentamos a contemplar la belleza que nos envuelve y sentir el latido de nuestro corazón. Y nos damos cuenta, demasiado tarde, de que, en aquel rato de cualquier martes, fugaz y maravilloso, donde nuestro ser sonreía, estábamos en un paraíso. Y en esos momentos, tan humanos, en los que todo consiste simplemente en existir, incluso los dioses nos envidian.

EPÍLOGO

Trazar el círculo

HACE MUCHOS AÑOS, una mujer me explicó un mito de tal manera que me atravesó como una flecha. Era el episodio sobre el rapto de Perséfone y su descenso al inframundo. Yo conocía el mito de mi carrera de historiadora del arte. Es probable que hubiese sido capaz de enumerar espontáneamente varias obras célebres que lo representaban, como, por ejemplo, la magnífica escultura de Bernini en la Galería Borghese de Roma, o el gran lienzo de Rubens del Prado. Esos datos los tenía. Pero la habilidad de la narradora consistió en dar la vuelta al mito para que nos hiciera de espejo y hacernos reflexionar muy a fondo sobre cuándo, nosotras, sus atentas oyentes, nos habíamos sentido raptadas hacia zonas oscuras. Qué incidente, qué noticia, qué circunstancia había provocado el rapto, y por cuántos infiernos considerábamos que habíamos pasado ya. Sus preguntas concisas me generaron mucha inquietud. No podía responderlas de golpe, pero «sabía que lo sabía», esas cosas misteriosas que ocurren en nuestro interior, aunque nos cueste describirlas.

En esos momentos contaba con poco más de treinta años, pero, evaluando exiguamente mi pasado, podía citar algunos infiernos pequeñitos, y alguno muy grande, con las heridas aún recientes a raíz de una separación. Supongo que eso me hacía más sensible todavía a esas revisiones sobre el paso por las zonas de penumbra. Me zarandeaba por dentro, pero intuía que así debía ser. La inmensidad del lenguaje poético te permite entender que no se habla de un infierno literal, y que todos somos capaces de identificar cuáles han sido, o siguen siendo, los nuestros. Me preguntaba por qué en ningún instituto, ni en ninguna facultad, nadie había tratado el mito de ese modo. Por qué nadie había sido capaz de conectarlo con la vivencia real de los alumnos. Nadie me había ni siquiera insinuado que los mitos se pueden encarnar.

En esa primera sesión salieron historias duras y conmovedoras, los primeros recuerdos de raptos en las juventudes que algunas mujeres que estaban a mi lado, la mayoría mucho mayores que yo, compartieron con una generosidad que me hizo enmudecer. Descubrí que se abría un camino asombroso y que debía seguirlo sin dejar que fuera perturbado por nada. Era como si hubiera encontrado una fuente para saciar una sed muy antigua. De repente, mi deambular por los pequeños infiernos personales dejaba de ser tan solitario. A partir de entonces, con distintos círculos de mujeres maravillosas que la vida me puso en el camino, trabajé mitos, cuentos, experiencias personales y sueños, el cautivador mundo del inconsciente que nos aporta tantos mensajes. En cada encuentro se iba tejiendo un tupido tapiz, se iban mezclando pócimas en un caldero común que todas removíamos con nuestras aportaciones. Fue, y sigue siendo, un espacio insustituible de aprendizaje sobre lo auténtico en la vida. En ese contexto, los mitos no eran datos, ni autores ni versiones ni documentos ni información, eran puro material sensible para encarar los desafíos que llegan.

Cuando me he visto en una encrucijada, la multitud de imágenes y recuerdos que conservo de esas mujeres –que los compartieron a corazón abierto– me han acompañado muy íntimamente. Llevo sus historias conmigo, encima, debajo, revoloteando a mi alrededor como mariposas de colores; y se mezclan con las mías. Sus personajes de sueños que yo no soñé, pero que imaginé mientras las escuchaba encandilada, se relacionan con los míos por similitud, por contraste, por oposición, por analogía. Cuánto les debo. Cada historia que te llega forma parte de ti, ya es un patrimonio transmitido, heredado, un nódulo más de una gran red inconmensurable. Nos vemos reflejadas en la vida de la otra, en la experiencia de otra y tomamos conciencia de muchas cosas casi sin darnos cuenta. Las reflexiones que se infiltran en cada capítulo del libro se fraguaron en las muchas horas que he pasado con ellas. Son de todas.

A medida que todo esto acontecía, también mi biblioteca se iba transformando. Empecé a perseguir a los autores que ofrecían ese mismo enfoque. Y aquí entré, para empezar, en la gran familia Kairós, esta editorial donde, desde ahora, tengo el honor de formar parte, por lo que siempre estaré agradecida. Compré libros de Joseph Campbell, Alan Watts, Ananda Coomaraswamy, Christine Downing, Shinoda Bolen, Mónica Cavallé…, y esas lecturas en silencio ensanchaban más y más mis horizontes. Como aconseja Campbell, lee aquel libro que te atrapa, después lee todo lo que el escritor haya publicado, y después lee lo que él leyó. Seguí con mitos y religiones del mundo, con Eliade, Zimmer, Danielou, Suzuki, Tarnas, Kingsley… Y así, en un camino que solo puede ser introspectivo y meditativo de alguna forma, empecé a tirar del hilo. También busqué autores que mirasen el arte en la misma línea, y me topé con John Berger, que defendía que hay personas que, aunque pertenezcan al pasado, hicieron obras muy contemporáneas. Me encandilaron detalles humanos de biografías de artistas, como saber que el escultor Giacometti trabajaba solo por las noches en su taller de París porque necesitaba el gran silencio, y desayunaba únicamente un café solo y un huevo duro en el bar de la esquina. O constatar como Frida Kahlo tenía que pintar desde la cama, con el dolor permanente de una espalda fracturada. Me parecieron heroínas la artista norteamericana Georgia O'Keeffe, que se instaló en Nuevo México y se fundió en ese paisaje árido recolectando esqueletos y piedras en cada paseo, o Fabienne Verdier, la pintora francesa que estuvo tantos años en la austera China comunista aprendiendo caligrafía bajo la disciplina implacable de los profesores tradicionales. Caminos escogidos siguiendo un hilo, con altas cimas por subir.

Deambulé por esa literatura que recorre los límites entre filosofía, poesía o algo sin catalogar, como Chantal Maillard, Zambrano, Whitman, Rilke… Indagué sobre los que se dedicaron al mundo del símbolo en las distintas tradiciones: Guenon, Burckhardt, Scholem, Schuon, Hani, Satz, Arola…, y los fabulosos diccionarios de Chevalier, Cirlot o Biedermann. También fueron una bendición para mí los diccionarios que relacionaban el arte de distintos períodos con los mitos clásicos, como el de Oxford (*Classical Mythology in the arts*) o el de Elvira Barba. Mi anhelo era tender un puente que uniese arte, mito, símbolo y la parte humana, los resortes entre psicología, espiritualidad y «asuntos del alma», por decirlo de algún modo. Leí a Jung, a Von Franz,

James Hillman, Marion Woodman, Anne Marquier, Thomas Moore, Jane Houston…, y a todos los que se vincularon con el círculo de Eranos.

Pasaron unos diez años aproximadamente –lo mismo que duró la guerra de Troya o el viaje de regreso de Ulises a su isla, porque los viajes interiores son de calado lento– hasta que surgió la oportunidad de escribir unos artículos para el suplemento de cultura de un periódico catalán, *El Punt Avui*, oportunidad que también agradeceré siempre. En ellos intenté mezclar, de manera ponderada, una dosis de cada ingrediente. Iban siempre acompañados de una pintura que aportaba visualmente detalles sobre lo redactado. Durante tres años tuve la suerte de contar con un espacio fijo titulado *Des del laberint* (Desde el laberinto) donde, en mi cita mensual, me centraba en algún personaje femenino de la mitología clásica –con algunas incursiones al mundo bíblico o de la Antigüedad– para contar su historia, mencionar cómo se había representado artísticamente, con sus atributos y símbolos, y terminar con una rúbrica final que diera pie a los lectores a hacer sus propias reflexiones. A veces, si se terciaba, también incluía trazos de actualidad. Todo esto, concentrado en dos columnas, constituía una proeza de síntesis, pero fue un reto apasionante. Desfilaron por esa galería diosas como Perséfone o Atenea, personajes de *La Ilíada* como Helena, de *La Odisea* como Calipso o Circe, protagonistas de tragedia como Medea, divinidades primigenias como las Moiras o la Noche, personificaciones de la naturaleza como las Dríades, reinas legendarias de la Antigüedad, como la de Saba, Semíramis o Cleopatra, y algunas mujeres de la Biblia como Sara, esposa de Abraham, o Dalila, la que traicionó a

Sansón. Todas ellas fueron para mí una pequeña-gran luz que dibujaba un sendero en la penumbra por donde circulaba medio a tientas. Cuando entregaba un artículo, tenía ya la mirada en el siguiente personaje, y esa pauta me empujaba a seguir aprendiendo más, a confeccionar nuevos vínculos, a no detener mi búsqueda y, en cierto modo, a alquimizar todo lo aprendido, a encauzar esas lecturas de tantos años, a contarlo a mi manera, con mi enfoque, mis mezclas, mis recursos, mis autores preferidos. En definitiva, a encontrar los primeros susurros de mi propia voz.

Gracias a esta sección fija dominical recibí comentarios inesperados y entré en contacto con personas que aportaron ramificaciones y supusieron más estímulos. Alguien me estaba leyendo. Algunos helenistas me hicieron revisar y revalorizar las fuentes antiguas, y a pesar de que no procedía de los estudios de clásicas, me enfrasqué en la enigmática red de las etimologías que, a menudo, constituyen un símbolo por sí mismas. El griego, esa lengua de poetas y filósofos, es infinito. Cuando se comparan traducciones se constatan los mil matices que cada verso de Homero o de Píndaro pueden llegar a tener, y que suena tan distinto en castellano, en catalán, en francés o italiano. Cuando puedes «cazar palabras» con tantas resonancias, todo se dota de significados más ricos y se pueden vislumbrar las distintas caras de los personajes y de las situaciones. Mi biblioteca siguió transformándose. Compré clásicos bilingües. Y en cualquier librería de segunda mano, o en cualquier parada de libros con la que me topaba, iba ensanchando mis estanterías de griegos y romanos. Comprendí que, de la misma forma que hay que recurrir a unos versos de Hesíodo o de Ovidio una y otra vez, también hay que tener a mano a los grandes, a Goethe con su *Fausto*, a Dante con su *Divina Comedia*, a Shakespeare, a Montaigne, a Nietzsche.

Para ir acompañada con la lectura de las fuentes griegas, leí también a los helenistas de distintas generaciones: Kerényi, Otto, Kirk, Rose, Grimal, Detienne, Vernant, Sissa, Cantarella, García Gual, Pórtulas, Olalla. Me abducían de forma especial los que trataban de religiones y ritos, como Walter Burkert, Doods, Nilsson o Bernabé. Y a todos los autores que trataban las grandes diosas de la Antigüedad: Baring, Crashford, Gimbutas, Neumann… Me despertaban curiosidad también los estudios sobre género en la historia antigua porque recorrían enfoques sobre los patriarcados o el papel de las mujeres, las del pueblo, y las demás, aristócratas, diosas y heroínas. Leí a Pomeroy, a Calame, a Iriarte… Navegando por internet, ese magma que nos aturde y nos atrae, tuve el placer de hacer descubrimientos de generaciones más jóvenes, y así fue como di con las charlas y las publicaciones de Jaime Buhigas, David Hernández de la Fuente o Aída Míguez Barciela y su mirada como hermeneuta. Y en tiempos más recientes he sido muy feliz con las ediciones de las jóvenes Marcolongo y la gran Irene Vallejo. El éxito editorial de esta última me da esperanza en la lectura y en los lectores de todos los tiempos.

Muchos de mis colegas de profesión, conservadores de museos, o profesores universitarios con los que tengo una relación laboral y de amistad, me han insistido siempre en que debería sacarme el doctorado; pero mi elección ha sido otra, seguir este caótico camino personal y solitario. He echado en falta muy a menudo interlocutores, maestros –en el sentido antiguo de la palabra– que me guiasen, que me conectasen, que me dieran su visión, que me hicieran volar con sus explicaciones, llegar más allá de donde uno puede alcanzar en la lectura nocturna aislada.

Pero no quería más imposiciones, más planes de estudio diseñados e inamovibles, más fechas fijas para entregas de trabajos que no me interesaban particularmente, más créditos que completar y todas estas burocracias pesadas que han ido oxidando el alma de las facultades. Ni siquiera se me ocurría quién podría dirigir una tesis de este tipo, me cuesta incluso definir mi objeto de estudio. Me he movido por pura intuición en meandros no clasificados. Lo que he estudiado de forma heterodoxa no forma parte de ninguna carrera en particular, está en los márgenes de muchas áreas, no es propiamente historia del arte, ni de ningún periodo en concreto, es de todos los tiempos y lugares; hay esbozos de iconografía, simbología, hermenéutica, psicología, antropología, religión, filología, mitología, no lo sé. Me he movido por donde notaba una vibración, o quizá sería más exacto decir por pura pasión.

Llegados a este punto, tenía entre manos una nómina de figuras mitológicas femeninas muy trabajadas que no quería abandonar. Me había quedado con las ganas de poder ampliar la cantidad de imágenes que el arte ha congelado sobre ellas, con detalles que cada artista ha destacado de distinto modo y que plasman de forma plástica lo que fue narrado en palabras. De la misma forma que durante años se han hecho exposiciones y catálogos de artistas: Velázquez, Vermeer, Modigliani… a mí me hubiera encantado elaborar un catálogo de Dánae, Ártemis o Ariadna desde la Antigüedad hasta la actualidad. Para mí era siempre inevitable, al escuchar o leer un mito, tener un torbellino de imágenes circulando en mi cabeza. Desde que se cristalizaron los mitos de cada civilización en algún tipo de escritura, los artistas han querido darles forma, y las sucesivas generaciones han insistido en revisitar el pasado para rescatarlos. Los eslabones de la cadena se unen. Velázquez nos dejó sus borrachos; Tiziano, sus Dánaes; Caravaggio, su Medusa. Además, por formación y por vocación, yo provengo de este mundo, el de la historia del arte, el de los museos. Mi aproximación al mito se inició por la ventana de las obras de arte. Llevo en el sector de los museos de arte más de veinte años y estoy habitualmente rodeada de lienzos, esculturas y todo tipo de objetos artísticos. Mi anhelo era hacerlo confluir todo.

Y así fue como me inventé, en el museo que dirijo, una actividad que versara sobre mitos y arte, empezando por comentar algunos cuadros que teníamos en las salas. Mi intención era crear un clima de relajación y de intimidad en el que los asistentes estuvieran cómodos. Como profesional y como visitante, no soporto las largas explicaciones en los museos, de pie, cargada con el bolso, con dificultades para escuchar lo que se dice, con un tremendo dolor de riñones a los diez minutos. Creo que agotan al asistente y que le impide poder aprehender nada. Quería ofrecer, de entrada, confort, para que el cuerpo estuviera en disposición de escuchar y poder desarrollar el tema con comodidad y sin interrupciones. «Acomódense, espachúrrense, olvídense de todo un rato», les hubiera dicho. Con esa intención, colocábamos en el suelo unas alfombras antiguas muy grandes, con muchos cojines de distintos tamaños esparcidos por encima, y detrás algunas sillas para quien no quisiera estirarse. La sala se transformaba en un espacio parecido a los cuadros de harem de Delacroix. Yo tenía la ilusión de intentar crear una atmósfera de proximidad, parecida a aquellas míticas veladas que tenían Meryl Streep y Robert Redford en la película *Memorias de África*, cuando ella empezaba a contar sus cuentos sobre los Kikuyu, o sobre lo que se le iba ocurriendo, y los demás, alrededor del fuego, se deleitaban con esa narradora amable que los conducía a otros mundos. El don de una buena *storyteller*. Pero nunca se sabe cómo van a suceder las cosas. En las primeras sesiones asistieron entre quince y veinte personas. Ignoraba si podríamos mantenerlas durante mucho tiempo. El público, por sus comentarios, salía contento y sorprendido, porque la imagen que tiene uno de los museos suele ser distinta a la que se encontraron. En lugar de una conferencia de tono académico, de una mesa donde se habla y unas sillas donde se escucha, de una charla con muchos datos, fechas, nombres de artistas y movimientos artísticos, se encontraron otra cosa. De entrada, con un mito, explicado en primer lugar como un cuento para situar a los personajes. Después un pase de imágenes donde los personajes tomaban cuerpo –sin importar mucho de qué autor ni de qué estilo–. Era un paseo visual en busca de Andrómeda, o Deyanira, o Penélope. Cómo habían sido estas figuras imaginadas en cerámica antigua, en pintura, escultura, grabado o ilustración, a veces incluso en danza o cine. Los asistentes, después de la sesión, eran capaces de reconocer a ese personaje en cualquier lugar, y lo pude constatar porque el primer verano, muchos me enviaron fotos de sus visitas de vacaciones con la alegría de haber hecho sus propios descubrimientos. «Ahora entiendo», me decían. Un atisbo.

Pero la sesión no terminaba en el mito ni en su representación, sino que la reflexión final encaraba el espejo hacia ellos, intentando, de algún modo, hacer lo mismo que me hicieron a mí. Hemos contado el relato, hemos contemplado con detalle muchas obras de arte, ahora busca la Atenea que hay en ti, o la Circe que te indicó el camino, o la Amazona herida en el pecho después de tanta lucha. A veces, incluso me atreví a explicar uno de los sueños que había escuchado de otras mujeres, de esos tan deslumbrantes y a la vez tan comunes, de alguien que te persigue, y el sueño se reitera, hasta que te enfrentas a él, y ese perseguidor que te daba tanto pánico te muestra el nuevo camino. Tiempo después, todavía me seguían llegando *e-mails* con explicaciones sobre sueños que habían recordado los asistentes a esa sesión, porque escuchar el sueño de otro despierta los tuyos.

Algo había calado. Y ese algo no se trataba solo de aprendizaje sobre cultura general, era algo más humano y más profundo lo que hacía que regresaran. El encuentro era mensual, un miércoles al mes, a las siete de la tarde, sobre alfombras y bajo una luz tenue. Los grupos fueron creciendo hasta que no cupieron más sillas en la sala y decidimos repetirlo un segundo día para poder acoger a más público. Al cabo de año y medio tuvimos que abrir un tercer grupo. Venían, les gustaba –o les resonaba algo en su interior–, y en el siguiente encuentro, llegaban acompañados de alguien más. Ese fue el patrón de crecimiento, «alguien le dijo a alguien», sin más recursos publicitarios, básicamente hilos personales. De los quince asistentes iniciales, pasamos a atraer a unas 150 personas, la mayoría mujeres –aunque no únicamente– y, fue curioso, de edades muy distintas. Empecé a triplicar la explicación de cada personaje para poder atender a todos los que querían inscribirse al módico precio de cinco euros la sesión. Nunca tendré suficientes palabras de agradecimiento por esa fidelidad y constancia. Para mí, esa respuesta suponía un aliento permanente que me seguía empujando.

En el segundo curso, el grupo más veterano insistía en ir a ver *in situ* algunas de las obras de arte que tanto habíamos tratado en los encuentros, y a partir de ahí empezaron los viajes. El objetivo era contemplar en directo a las mujeres de los mitos tratados. Yo siempre defiendo que las obras de arte deben verse al natural, deben tenerse delante, casi olerse, porque son una presencia, y avivarán en ti sensaciones que ninguna pantalla puede lograr. Con ese lema de fondo, empezamos por Londres, donde estuvimos en el British Museum contemplando los mármoles del Partenón, un templo en el que nos detuvimos durante la charla sobre Atenea. También escogimos cinco obras de la National Gallery sobre figuras o episodios tratados, como la *María Magdalena* de Jan van Eyck, el *Juicio de Paris* de Rubens o la *Venus del espejo* de Velázquez. La escapada no consistía en ver el museo, ningún museo en particular. Perseguíamos únicamente a las mujeres de los mitos que en nuestras sesiones particulares habíamos desgranado con calma. Continuamos hacia Nápoles para observar, en el Capodimonte, una de las *Dánae* de Tiziano y encandilarnos en Pompeya con el rojo intenso de los frescos de la *Villa de los Misterios*. Viajamos también a Berlín, donde nos enamoró la *Circe* de Von Stuck, y a Mantova, donde el palacio de los Gonzaga estaba repleto de mitología en todas sus paredes.

Repetimos viaje a Londres con un grupo nuevo, y teníamos previsto ir a Venecia en marzo de 2020, y a Atenas en otoño, pero llegó, contra pronóstico, el COVID-19, y nos encerraron a todos. Durante el confinamiento decidimos hacer las sesiones en directo por Instagram. Comprometernos con la cita mensual. A día de hoy llevamos más de cinco años ininterrumpidos. No queríamos soltar el hilo, queríamos mantener la llama. Lo digo en primera persona del plural porque en las intervenciones yo soy la que habla, la cara visible, pero cuento con un pequeño equipo detrás que me sustenta, que siempre me ha ayudado, y que ha respetado mi trabajo desde que puse la primera idea sobre la mesa. Sin ellos, tampoco nada de esto hubiera podido crecer. Nos necesitamos unos a otros.

Todos los que durante estos años se han dirigido a mí para hacerme algún comentario, alguna pregunta, ya sea sobre las figuras mitológicas, sobre las obras de arte, o sobre alguna de las reflexiones propuestas, me piden lecturas sobre el tema. Quieren saber más. Quieren profundizar más. Algo se ha inoculado. Algunos pedían reservar asientos en la última fila, donde había los únicos focos encendidos, porque querían tomar apuntes. Constatarlo me ilusionaba y me asustaba a la vez. Pero llegó el momento en que pensé que no podía únicamente darles listas de libros. Era mi responsabilidad y mi desafío fijar todo esto por escrito y compartirlo. Ponerle un envoltorio y entregarlo como regalo, de la misma forma que los cuentos y los sueños que otras han compartido conmigo me llegaron tan adentro, del mismo modo que bendigo la tarea de las editoriales que publican y nos traducen a los autores que se han convertido para mí de cabecera y que nos llevan de la mano al mundo del espíritu.

Durante estos últimos años he mantenido una lucha agotadora con mi dragón interior que me decía con mil «frases martillo» cosas del estilo: «¿Cómo vas a escribir sobre mitos si no eres de clásicas? ¿Cómo vas a aventurarte a hacer reflexiones personales si no eres psicóloga? ¿A quién le interesará esto? Es raro. Es un híbrido. No te conocen fuera de tu museo (trabajo desde el año 2000 en el museo Víctor Balaguer, de Vilanova i la Geltrú). Te faltan mil lecturas todavía. ¿Qué pretendes? ¿Qué puedes decir que no esté dicho ya? …». Y mil cosas más que han retrasado este volumen y lo que él supone en mi camino particular: fijar, procesar, abrirme, exponerme, plantar la semilla, parir.

A pesar de la dificultad del contexto actual, o quizá gracias a él –los confinamientos han obligado a refugiarse en casa muchas horas–, he conseguido librarme de los cantos de sirena que me distraen tanto y ponerme a escribir. Y me estimula pensar que las doce mujeres-mito dejarán algún tipo de estela.

Los agradecimientos a los acompañantes de este largo camino serían muchos, pero permítanme, para resumir, hablar de los que han aparecido al relatar el camino errante transitado hasta la confección de esta publicación. El inicial mito de Perséfone, que cambió mi perspectiva sobre tantas cosas, vino de la mano de Muriel Chazalon, conocedora de los símbolos y guía sagaz de talante filosófico que indujo el inicio de cambio, de mi vida y de mi biblioteca, y que sigue siendo una interlocutora inigualable. Las mujeres que han compartido grupos conmigo, en sus distintos momentos y emplazamientos, han aportado su grano de arena en estas páginas, que espero reconozcan si las leen. El director del suplemento Cultura, del periódico *El Punt Avui*, David Castillo, me ofreció la columna fija y me incitó enseguida a transformar los artículos en un libro. De mis compañeros de trabajo, con los que me relaciono diariamente muchas horas desde hace tantos años –y que me han visto en las cumbres y en los infiernos–, aprecio enormemente su respeto y apoyo. Debo mencionar a Mónica Álvarez, que ha estado a mi lado, infalible, en cada sesión nocturna de mitos y arte desde la prueba piloto sobre alfombras y, después, de apoyo en todos los viajes. A todos los fieles asistentes a las charlas en el museo, que bautizamos como «*Chillouts* de mitos y arte», y a los que se embarcaron en mis propuestas de viaje, que acabaron formando una pequeña gran familia. Agradecer a mi profesora de pintura oriental, María Eugenia Manrique, que me presentara a Agustín Pániker, quien me brindó la oportunidad, de incalculable valor para mí, de publicar con la Editorial Kairós este texto. Su trato, tan humano, desde el primer encuentro, en consonancia con su línea editorial, ha sido un placer, por no hablar de la paciente labor de la editora Ana Pániker con sus atentas lecturas y consejos. También quiero agradecer el seguimiento y supervisión de mi amiga Margalida Capellà, catedrática de Griego, que, con su repaso de cada capítulo, sus precisiones y sus interesantes sugerencias, ha enriquecido cada personaje. A mi hermana, Elisenda Rosich, por ser tan sincera conmigo que logró quitarme las manías de encima, me centró en la tarea y me hizo creer que podía hacerlo, al igual que su hijo mayor, mi sobrino Marcel, con quien nos une la pasión por los libros de mitología. A mis amigas incondicionales, porque han soportado mi estrés, mis ausencias y mi monotema. A quien comparte la vida conmigo, Raül Maigí, porque lo ha releído todo hasta la saciedad con la minuciosidad de un corrector orfebre, y me ha brindado un entorno amoroso, con mucha paz y tranquilidad para escribir. Y finalizo con mis padres, y en especial con mi madre, María Teresa Salvó, que ha asistido fiel a todas mis sesiones, a todos mis viajes, y que siempre, siempre, ha estado ahí con su vitalidad y su manera sana de ver el mundo. Un ejemplo de mujer para mí que me ha hecho confiar en lo divino femenino.

BIBLIOGRAFÍA

Fuentes clásicas

Apolodoro, *Biblioteca de relatos mitológicos*
Babrio, *Fábulas*
Calímaco, *Himnos III a Ártemis*
Cicerón, *De inventione*
Cicerón, *De divinatione*
Diodoro de Sicilia, *Biblioteca Histórica*
Eurípides, *Las Bacantes*
Eurípides, *Helena*
Eurípides, *Ion*
Esquilo, *Suplicantes*
Esquilo, *Prometeo encadenado*
Estrabón, *Geografía*
Filodemo de Gadara, *Poética*
Gorgias, *Encomio*
Heráclito, *Fragmentos*
Heródoto, *Nueve libros de Historia*
Hesíodo, *Teogonía*
Hesíodo, *Trabajos y días*
Higino, *Fábulas*
Homero, *La Ilíada*
Homero, *La Odisea*
Horacio, *Odas*
Luciano de Samosata, *Sobre la danza*
Manilio, *Astrología*
Marcial, *Los Xenia*

Ovidio, *Las Metamorfosis*
Ovidio, *Heroidas*
Pausanias, *Descripción de Grecia*
Platón, *Fedro*
Plutarco, *Vidas paralelas*
Plinio el Viejo, *Historia natural*
Propercio, *Elegías*
Quinto Curcio Rufo, *Historia de Alejandro Magno*
Quinto de Esmirna, *Posthoméricas*
Safo, *Poesía*
Sófocles, *Antígona*
Servio, *Geórgicas*
Simónides de Ceos, *Poesía lírica*
Tucídides, *Historia de la guerra del Peloponeso*
Virgilio, *Eneida*

Adams, Steven. *The Art of Pre-Raphaelites*. Londres: The Apple Press, 1988.

Alighieri, Dante. *La divina comedia*. Barcelona: Espasa, 2010.

Arendt, Hanna. *Poemas*. Barcelona: Herder, 2017.

Argullol, Rafael. *Visión desde el fondo del mar*. Barcelona: Acantilado, 2010.

Armour, Robert A. *Dioses y mitos del antiguo Egipto.* Madrid: Alianza, 2013.

Armstrong, Karen. *Historia de la Biblia.* Barcelona: Debate, 2008.

—. *Breve Historia del Mito*. Madrid: Siruela, 2020.

Arola, Raimon. *Simbolismo del templo. Una alegoría de la creación*. Barcelona: Obelisco, 2001.

—. *Los amores de los dioses*. Barcelona: Editorial Altafulla, 2001.

Atwood, Margaret. *Penélope y las doce criadas*. Madrid: Salamandra, 2005.

Bancfort, Anne. *Hilanderas de Sabiduría. De Simone Weil a Elisabeth Kübler-Ross*. Barcelona: Luciérnaga, 2002.

Barolsky, Paul. *Ovid and the Metamorphoses of Modern Art from Botticelli to Picasso.* New Haven: Yale University Press, 2014.

Bartolotti, Alessandra. *Mitología celta y nórdica*. Barcelona: Swing, 2011.

Baring, Anne y Cashford, Jules. *El mito de la diosa: Evolución de una imagen*. Madrid: Siruela, 2005.

Beard, Mary. *La veu i el poder de les dones*. Barcelona: Arcadia, 2017.

Benoist, Luc. *Signos, símbolos y mitos.* Barcelona: Da Vinci Continental, 2008.

Berger, John. *Sobre Los Artistas*. Barcelona: Gustavo Gili, 2017.

—. *El tamaño de una bolsa.* Barcelona: Alfaguara, 2017.

Bernabé, Alberto. *Dioses, héroes y orígenes del mundo*. Madrid: Abada, 2008.

Berresford, Peter. *Druidas, el espíritu del mundo celta.* Madrid: Oberon, 2001.

Bettini, Maurizio y Brillante, Carlo. *El mito de Helena. Imágenes y relatos de Grecia a nuestros días.* Madrid: Akal, 2008.

Biederman, Hans. *Diccionario de Símbolos*. Barcelona: Paidós, 2013.

Blake Tyrrell, William. *Las Amazonas*. México: Fondo de Cultura económica, 1989.

Bolen, Shinoda. *Las diosas de cada mujer.* Barcelona: Kairós, 2010.

—. *Viaje a Avalon. La peregrinación de una mujer en la mitad de la vida.* Barcelona: Kairós, 2012.

—. *Las diosas de cada mujer.* Barcelona: Kairós, 2011.

—. *Las diosas de la mujer madura.* Barcelona: Kairós, 2012.

—. *Artemisa.* Barcelona: Kairós, 2015.

—. *Las brujas no se quejan.* Barcelona: Kairós, 2012.

—. *El anillo de poder.* Barcelona: Kairós, 2012.

—. *El millonésimo círculo.* Barcelona: Kairós, 2010.

Bologna, Corrado. «Kerenyi en el laberinto. Un hilo de Ariadna para el lector español», introducción al libro de Kerenyi, Karl. *Los héroes griegos.* Vilaür: Atalanta, 2009.

Bonnefoy, Yves. *Diccionario de mitología*. Barcelona: Planeta, 2010.

Buero Vallejo, Antonio. *La tejedora de sueños.* Madrid: Cátedra, 2005.

Buhigas, Jaime. *Laberintos. Historia, mito, geometría*. Madrid: La esfera de los libros, 2013.

Burckhardt, Jacob. *Historia de la cultura griega*. Barcelona: RBA, 2005.

Burckhardt, Titus. *Alquimia.* Barcelona: Plaza Janés, 1976.

—. *Chartres y el nacimiento de la catedral.* Palma de Mallorca: Ed. Olañeta, 1999.

—. *Ensayos sobre el conocimiento sagrado.* Palma de Mallorca: Ed. Olañeta, 1999.

—. *Principios y métodos del arte sagrado.* Palma de Mallorca: Ed. Olañeta, 2000.

Burkert, Walter. *Religión griega arcaica y clásica.* Madrid: Abada Editores, 2007.

—. *De Homero a los Magos. La tradición oriental en la cultura griega.* Barcelona: Acantilado, 2001.

—. *El origen salvaje. Ritos de sacrificio y mito entre los griegos.* Barcelona: Acantilado, 2011.

Burn, Lucilla. VV.AA. *The Bristih Museum Book of Greek and Roman Art.* Londres: British Museum Press, 1991.

Calame, Claude. *Eros en la antigua Grecia.* Madrid: Akal, 2002.

Campbell, Joseph. *Imagen del mito.* Vilaür: Atalanta, 2012.

—. *Diosas: misterios de lo divino femenino.* Vilaür: Atalanta, 2015.

—. *En busca de la felicidad. Mitología y transformación personal.* Barcelona: Kairós, 2014.

—. *El héroe de las mil caras: psicoanálisis del mito.* México, Fondo de cultura económica, 2014.

—. *El vuelo del ganso salvaje. Exploraciones en la dimensión mitológica.* Barcelona: Kairós, 1998.

—. *Los mitos. Su impacto en el mundo actual.* Barcelona: Kairós, 2014.

—. *Las máscaras de Dios.* Vilaür: Atalanta, 2017.

Cantarella, Eva. *La calamidad ambigua: condición e imagen de la mujer en la antigüedad griega y romana.* Madrid: Ediciones clásicas, 1996.

—. *El amor es un dios.* Barcelona: Paidós, 2009.

—. *Sopora cuore. La scelta di Ulisse.* Bari: Editori Laterza, 2018.

—. *Ippopotami e sirene. I viaggi di Omero e di Erodoto.* Milán: Utet, 1999.

—. *Secondo natura. La bissessualità nel mondo antico.* Milán: Feltrinelli, 2000.

Carpenter, Thomas H. *Arte y mito en la Antigua Grecia.* Barcelona: Destino, 2001.

Cavallé, Mónica. *La sabiduría recobrada.* Barcelona: Kairós, 2011.

Cashford, Jules. *La luna. Símbolo de la transformación.* Vilaür: Atalanta, 2018.

Chadwick, John. *El mundo micénico.* Madrid: Alianza, 1993.

Chadwick, Nora. *The Celts.* Londres: Penguin Books, 1977.

Chevalier, Jean y Gheerbrant, Alain. *Diccionario de los Símbolos.* Barcelona: Herder, 2000.

Cheng, Françoise. *Vacío y plenitud.* Madrid: Siruela, 2013.

Cirlot, Juan Eduardo. *Diccionario de símbolos.* Madrid: Siruela, 2019.

Cirlot, Victoria. *Figuras del destino. Mitos y símbolos de la Europa Medieval.* Madrid: Siruela, 2007.

Cirlot, Victoria y Garí, Blanca (ed). *El monasterio interior.* Barcelona: Fragmenta, 2017.

Clermont, Michel. *El sentido espiritual de los mitos.* Palma de Mallorca: José J. De Olañeta, 2008.

Cheng, François. *Cinq méditations sur la beauté.* París: Albin Michel, 2008.

Coomaraswamy, Annanda K. *La transformación de la naturaleza en arte.* Barcelona: Kairós, 1997.

—. *La danza de Shiva. Ensayos sobre arte y cultura india.* Madrid: Siruela, 2006.

Corbin, Henry. *Avicena y el relato visionario.* Barcelona: Paidós, 1995.

—. *Cuerpo espiritual y tierra celeste.* Madrid: Siruela, 2006.

Danielou, Alain. *Dioses y mitos de la India.* Vilaür: Atalanta, 2009.

Daishi, Yoka. *El canto del inmediato satori.* Barcelona: Kairós, 2001.

De la Villa, Jesús (ed.) *Mujeres de la Antigüedad.* Madrid: Alianza, 2004.

Detienne, Marcel. *Los jardines de Adonis.* Madrid: Akal, 1983.

Detienne, Marcel y Sissa, Giulia. *La vida cotidiana de los dioses griegos.* Temas de Hoy, Madrid, 1990.

Diel, Paul. *El simbolismo en la mitología griega.* Idea Books, Barcelona, 1998.

Díez, Francisco. *Lenguajes de la religión.* Trotta, Madrid, 1998.

Dodds, E.R. *Los griegos y lo irracional.* Madrid: Alianza, 1980.

Downing, Christine. *La Diosa. Imágenes mitológicas de lo femenino.* Barcelona: Kairós, 1999.

—. *Myths and Mysteries of Same-Sex Love.* Nueva York: Continuum, 1989.

Domínguez, Almudena. *Las mujeres en la Antigüedad clásica. Género, poder y conflicto.* Madrid: Sílex, 2010.

Dumézil, Georges. *Mito y Epopeya.* Barcelona: Seix Barral, 1977.

Durand, Gilbert. *La imaginación simbólica.* Buenos Aires: Amorrotu editores, 2007.

Eliade, Mircea. *Historia de las creencias y de las ideas religiosas.* Barcelona: Paidós, 1999.

—. *Nacimiento y Renacimiento.* Barcelona: Kairós, 2007.

—. *Técnicas del Yoga.* Barcelona: Kairós, 2013.

—. *La prueba del laberinto.* Madrid: Ed. Cristiandad, 1980, p. 174.

—. *Mitos, sueños y misterios.* Barcelona: Kairós, 2001.

—. *Lo sagrado y lo profano.* Barcelona: Paidós, 1998.

Elvira Barba. *Miguel Ángel. Arte y mito. Manual de iconografía clásica.* Madrid: Sílex, 2008.

Espriu, Salvador. *Ariadna al laberint grotesc.* Barcelona: Edicions 62, 1981.

Ferrer, Eduard y Pereira, Álvaro (coord.). *Profecía y Adivinación en la Antigüedad.* Sevilla: Ed. Universidad de Sevilla, 2017.

Finley, Moses I. *La Grecia antigua. Economía y sociedad.* Madrid: Crítica, 1984.

—. *Los griegos de la Antigüedad.* Labor, Barcelona, 1973.

—. *El mundo de Odiseo.* Madrid: Fondo de Cultura Económica, 1978.

Flacelière, Robert. *Adivinos y oráculos griegos.* Buenos Aires: Eudeba, 1965.

García Gual, Carlos. *Mitos, viajes, héroes.* Barcelona: Taurus, 1981.

—. *Sirenas. Seducciones y metamorfosis.* Madrid: Turner Publicaciones, 2014.

Gimbutas, María. *Dioses y diosas de la vieja Europa.* Madrid: Siruela, 2014.

Goethe, Johan W. *Fausto.* Barcelona: Espasa, 2011.

González Frias, Federico. *El simbolismo precolombino.* España: Libros del Innombrable, 2016.

— *El simbolismo de la rueda.* España: Libros del Innombrable, 2016.

Goñi, Carlos. *Alma femenina. La mujer en la mitología.* Madrid: Espasa, 2005.

García Sánchez, Manel. *Las mujeres de Homero*. Valencia: Sema, 1999.

Goytisolo, José Agustin. *Palabras para Julia*. Barcelona: Lumen, 1979.

Graves, Robert. *Mitos griegos*. Madrid: Alianza, 2011.

Green, Miranda Jane. *The gods of the celts*. Bridgend: Sutton publishing, 1997.

—. *Mitos Celtas*. Madrid: Akal, 1995.

Greene, Liz. *Astrología y destino*. Barcelona: Obelisco, 2003.

Greenberg, Lesli. *Emociones: una guía interna*. Bilbao: Desclée de Brower, 2000.

Grimal, Pierre. *Diccionario de mitología griega y romana.* Barcelona: Paidós, 2006.

—. *Mitologías. Del Mediterráneo al Ganges*. Madrid: Gredos, 2008.

Guénon, René. *Símbolos fundamentales de la ciencia sagrada.* Barcelona: Paidós, 1995.

—. *La crisis del mundo moderno.* Barcelona: Paidós, 2001.

—. *El rey del mundo.* Madrid: Luis Cárcamo, 1987.

Hani, Jean. *El simbolismo del templo cristiano.* Palma de Mallorca: Ed. Olañeta, 1983.

Hardin, Terri. *The Pre-Raphaelites. Inspiration form the past.* Nueva York: Smithmark Publisher, 1996.

Harrison, Jane. E. «Pandora's Box». *The Journal of Hellenic Studies*, Volume 20, November 1900, pp. 99-114.

Hawksley, Lucinda. *Essential Pre-Raphaelites.* Bath: Dempsey Parr, 1999.

Hernandez de la Fuente, David. *Mitología clásica*. Madrid: Alianza, 2015.

—. *Oráculos griegos*. Madrid: Alianza, 2019.

—. *El despertar del alma*. Barcelona: Ariel, 2017.

Hillman, James. *El sueño y el inframundo*. Barcelona: Paidós, 2004.

—. *El mito del análisis*. Madrid: Siruela, 2005.

—. *El pensamiento del corazón*. Madrid: Siruela, 2005.

—. *Pan y la pesadilla*. Vilaür: Atalanta, 2016.

Hölderlin. *Poesía completa de Hölderlin*. Barcelona: Río Nuevo Ediciones, 1995.

Houston, Jean. *La diosa y el héroe*. Barcelona: Planeta, 1993.

Iriarte, Ana. *Las redes del enigma: voces femeninas en el pensamiento griego*. Madrid: Taurus, 1990.

Jodorowsky, Alejandro y Costa, Marianne. *La Vía del Tarot*. Madrid: Siruela, 2011.

—. *Psicomagia*. Madrid: Siruela, 2018.

Johnson, Buffie. *Lady of the Beasts. Ancient image of the Goddes and Her Sacred Animals*. Nueva York: HarperCollins, 1990.

Jung, Carl G. *El hombre y sus símbolos.* Barcelona: Paidós, 1995.

—. *Recuerdos, sueños y pensamientos.* Barcelona: Seix Barral, 2012.

Kerényi, Karl. *Dionisos*. Barcelona: Herder, 1998.

—. *Los héroes griegos.* Vilaür: Atalanta, 2009.

—. *En el laberinto*. Madrid: Siruela, 2016.

Kingsley, Peter. *En los oscuros lugares del saber*. Vilaür: Atalanta, 2016.

—. *Filosofía antigua, misterios y magia.* Vilaür: Atalanta, 2008.

Kirk, Geoffrey S. *La naturaleza de los mitos griegos*. Barcelona: Paidós, 2002.

—. *El mito. Su significado y funciones en la Antigüedad*. Barcelona: Paidós, 2006.

Krishnamurti, Jiddu. *La libertad primera y última,* Barcelona: Kairós, 1996.

—. *El conocimiento de uno mismo,* Barcelona: Kairós, 1999.

—. *La libertad interior,* Barcelona: Kairós, 1993.

Larrauri, Maite y Capdevila, Francesc (ilustrador). *El deseo según Gilles Deleuze*. Alzira: Tandem, 2001.

Le Breton, David. *Elogio al caminar*. Madrid: Siruela, 2015.

Lefkowitz, Mary R. *Women in Greek Myth*. Baltimore: The John Hopkins University Press, 1986.

Le Grice, Keiron. *Cosmos arquetipal.* Vilaür: Atalanta, 2018.

Lévy-Strauss, Claude. *Mito y significado*. Madrid: Alianza, 1961.

López, Aurora, Martínez, Cándida y Pociña, Andrés (eds.). *La mujer en el mundo Mediterráneo antiguo*. Granada: Universidad de Granada, 1990.

Loreaux, Nicole. *Las experiencias de Tiresias. Lo masculino y lo femenino en el mundo griego*. Barcelona: Acantilado, 2004.

Luke, Helen M. *La vía de la mujer. El despertar del eterno femenino*. Madrid: Edaf, 1997.

Maas, Jeremy. *Victorian painters*. Nueva York: Harrison House, 1969.

Machado, Antonio. *Poesías completas*. Madrid: Austral, 1988.

Maillard, Chantal. *La compasión difícil*. Barcelona: Galaxia Gutenberg, 2019.

—. *La mujer de pie*. Barcelona: Galaxia Gutenberg, 2015.

—. *India*. Valencia: Pre-Textos, 2014.

Marcolongo, Andrea. *La lengua de los dioses*. Barcelona: Taurus, 2017.

Margarit, Joan. «Helena» en *Edat Roja*. Columna, Barcelona, 2002.

—. *Poesia amorosa completa. 1980-2000*. Barcelona: Proa, 2002.

Marlowe, Christopher. *Fausto*. España: Cátedra, 2004.

Marquier, Annie. *El poder de elegir*. Barcelona: Luciérnaga, 2008.

Martel, Jen F. *La vindicación del arte en la era del artificio*. Vilaür: Atalanta, 2018.

Mendelsohn, Daniel. *Una Odisea*. Barcelona: Seix Barral, 2017.

Méndez Filesi, Marcos. *El laberinto. Historia y mito*. Barcelona: Alba, 2009 .

Míguez Barciela, Aída. *La visión de la Odisea*. Madrid: Oficina de Arte y ediciones, 2014.

—. *Mortal y fúnebre. Leer la Ilíada*. Madrid: Dioptría, 2016.

Mizrahi, Liliana. *La mujer transgresora*. Buenos Aires: Nuevohacer, 2003.

Molina Sánchez, Manuel. «Ariadna» en *Grecia y Roma III. Mujeres reales y ficticias*. Eds. Pérez Pociña, Andrés y García González, Jesús M.; Granada: Universidad de Granada, 2009.

Montaigne, Michel de. *Los ensayos (según la edición de 1595 de Marie de Gournay)*. Barcelona: Acantilado, 2007.

McLean, Adam. *The triple Goddes. An Exploration of The Archetypal Feminine*. Grand Rapids: Phanes Press, 1989.

Moore, Thomas. *El cuidado del alma*. Barcelona: Urano, 2009.

Mosse, Claude. *La mujer en la Grecia clásica*. Madrid: Nerea, 1990.

Neumann, Erich. *La Gran Madre: una fenomenología de las creaciones femeninas de lo inconsciente*. Madrid: Trotta, 2009.

Nichols, Sallie. *Jung y el Tarot*. Barcelona: Kairós, 2019.

Nietzsche, Friedrich. *Ecce Homo.* Madrid: Alianza, 2005.

—. *El ocaso de los ídolos*. Madrid: Poesía y prosa popular, 1990.

—. *El origen de la tragedia.* Madrid: Espasa Calpe, 1969.

Nilsson, Martin P. *Historia de la religiosidad griega*. Madrid: Gredos, 1970.

Sri Nisargadatta Maharaj. *Meditaciones*. Barcelona: Kairós, 2016.

Oldmeadow, Harry. *Mircea Eliade y Carl. G. Jung.* Palma de Mallorca: Ed. Olañeta, 2012.

Olalla, Pedro. *Atlas mitológico de Grecia*. Atenas: Road, 2001.

—. *Historia menor de Grecia*. Barcelona: Acantilado, 2012.

—. *Grecia en el aire*. Barcelona: Acantilado, 2015.

Otto, Walter. *Los dioses de Grecia*. Madrid: Siruela, 2012.

—. *Dioniso mito y culto*. Madrid: Siruela, 2006.

Panofsky, Dora y Erwin. *La caja de Pandora. Aspectos cambiantes de un símbolo mítico*. Barcelona: Barral Editores, 1975, p. 15.

Panofsky, Erwin y Saxl, Fritz. *Mitología clásica en el arte medieval.* Bilbao: Sans soleil, 2016.

Peppiat, Michael. *En el taller de Giacometti.* Barcelona: Elba, 2011.

Pérez, Aurelio y Cruz, Gonzalo (eds.). *Hijas de Afrodita. La sexualidad femenina en los pueblos del Mediterráneo.* Madrid: Ediciones clásicas, 1996.

Pomeroy, Sarah B. *Diosas, rameras, esposas y esclavas. Mujeres en la Antigüedad clásica.* Madrid: Akal, 1999.

Pórtulas, Jaume. *Introducció a la Ilíada*. Barcelona: Alpha, 2008.

Proust, Marcel. *En busca del tiempo perdido.* Madrid: Alianza, 1981.

Qualls-Corbett. *La prostituta sagrada.* Barcelona: Obelisco, 2004.

Rilke, Rainer Maria. *Cartas a un joven poeta*. Barcelona: Obelisco, 1997.

Robinson, Roxana. *Georgia O'Keeffe*. Barcelona: Circe, 1992.

Robles, Marthe. *Mujeres, mitos, diosas.* México: Fondo de Cultura Económica, 1997.

Rohmann, Chris y Reid, Jane D (eds.). *The Oxford Guide to Classical Mythology in the Arts*, *1300-1900s* (2 vols). Nueva York: Oxford University Press, 1993.

Rose, Herbert J. *Mitología griega*. Barcelona: Labor, 1969.

Rosenfeld, Jason. *Pre-Raphaelites*. Londres: Tate Publishing, 2012.

Rougemont, Denis. *El amor y Occidente*. Kairós, Barcelona,

Ruiz de Elvira, Antonio. *Mitología Clásica*. Gredos, Barcelona, 2015.

Sambhava, Padma. *El libro tibetano de los muertos*. Barcelona: Kairós, 1994.

Sánchez, Carmen. *La invención del cuerpo. Arte y erotismo en el mundo clásico. El mito del análisis*. Madrid: Siruela, 2014.

Satz, Mario. *Qué es la Cábala*. Barcelona: Kairós, 2014.

—. *Pequeños paraísos. El espíritu de los jardines*. Barcelona: Acantilado, 2017.

Seeman, Otto. *Mitología clásica ilustrada*. Barcelona: Vergara, 1971.

Schaup, Susanne. *Sofía. Aspectos de lo divino femenino*. Barcelona: Kairós, 1999.

Scholem, Gershom. *La cábala y su simbolismo*. México: Siglo veintiuno, 1989.

Schuon, Frithjof. *Miradas a los mundos antiguos*. Palma de Mallorca: Ed. Olañeta, 2004.

Stevens, Bethan. *Pre-Raphaelites*. Londres: The British Museum Press, 2008.

Stevens, Wallace. *Poesía reunida*. Barcelona: Debolsillo, 2019.

Sturluson, Snorri. *Eddas. Leyendas de los dioses del norte*. Barcelona: Desván de Hanta, 2014.

Suzuki, Daisetz T. *El zen y la cultura japonesa*. Barcelona: Paidós, 1996.

Tanizaki, Junichiro. *El elogio de la sombra*. Madrid: Siruela, 2010.

Tarnas, Richard. *La pasión de la mente occidental*. Atalanta, Barcelona, 2008.

—. *Cosmos y psique*. Atalanta, Barcelona, 2019.

Tervarent, Guy de. *Atributos y símbolos en el arte profano*. Barcelona: Ediciones del Serbal, 2002.

Thoreau, Henry David. *Caminar*. Madrid: Ardora, 2005.

Trendal, A. D. *Red Figure Vases of South Italy and Sicily*. Londres: Thames and Hudson, 1989.

Trippi, Peter. *J. W. Waterhouse*. Londres: Phaidon Press Limited, 2008.

Ventris, Michael y Chadwick, John. Documents in *Mycenae with commentary and vocabulary*. Cambridge: The University Press, 1956.

VV. AA. *La mujer en el mundo antiguo*. Actas de las quintas jornadas de investigación interdisciplinaria. Organizadas por el Seminario de Estudios de la Mujer. Madrid: Ediciones Universidad Autónoma de Madrid, 1986.

VV. AA. *Historia de las mujeres. La Antigüedad*. Madrid: Taurus, 1991.

VV. AA. *Espejos del yo. Imágenes arquetípicas que dan forma a nuestras vidas*. Barcelona: Kairós, 1994 (ed. a cargo de Christine Downing).

VV. AA. *Women in the classical world*. Oxford: Oxford University Press, 1994.

VV. AA. *Círculo Eranos* (3 tomos). Madrid: Anthropos, 1997.

VV. AA. *El árbol de la vida*. Barcelona: Kairós, 2001.

VV. AA. *Mitos femeninos de la cultura clásica*. Oviedo: KRK ediciones, 2003.

VV. AA. *Encuentro con la sombra*, Barcelona: Kairós, 2004.

VV. AA. *Venus sin espejo. Imágenes de mujeres en la Antigüedad clásica y el cristianismo primitivo*. Oviedo: KRK ediciones, 2005.

VV. AA. *Mitos, sueños y religión*. Barcelona: Kairós, 2006 (ed. a cargo de Joseph Campbell).

VV. AA. *Ser mujer*. Barcelona: Kairós, 2007.

VV. AA. *Heroínas*. Madrid: Museo Thyssen-Bornemisza, 2011 (comisario Guillermo Solana).

VV. AA. *Fatales y perversas. Mujeres en la plástica española (1885-1930)*. Zaragoza: Prensas de la Universidad de Zaragoza, 2016.

Vallejo, Irene. *El infinito en un junco. La invención de los libros del mundo antiguo*. Madrid: Siruela, 2020.

Valls, Mireia. *Las diosas se revelan*. Zaragoza: Libros del innombrable, 2017.

Verdier, Fabienne. *Pasajera del Silencio. Diez años de iniciación en China*. Barcelona: Salamandra, 2007.

Vega, Amador. *Passió, meditació i contemplació*. Barcelona: Fragmenta, 2012.

Vernant, Jean Pierre. *Mito y religión en la Grecia antigua*. Barcelona: Ariel, 1991.

—. *El universo, los dioses, los hombres*. Barcelona: Anagrama, 2001.

Veyne, Paul, Lissarrague, François y Frontisi-Ducroux, Françoise. *Los misterios del gineceo*. Madrid: Akal, 2003.

Von Franz, Marie-Louise. *Sobre los sueños y la muerte*. Barcelona: Kairós, 1992.

—. *La leyenda del Grial.* Barcelona: Kairós, 2005.

Watts, Alan. *Mito y ritual en el cristianismo*. Barcelona: Kairós, 1988.

—. *La sabiduría de la inseguridad.* Barcelona: Kairós, 1999.

—. *El arte de ser Dios*. Barcelona: Kairós, 2000.

—. *Mito y religión*. Barcelona: Kairós, 2000.

—. *Naturaleza, hombre y mujer*. Barcelona: Kairós, 2005.

—. *Salir de la trampa.* Barcelona: Kairós, 2005.

—. *Nueve meditaciones*. Barcelona: Kairós, 2005.

—. *El camino del Tao*. Barcelona: Kairós, 2011.

—. *Vivir el presente*. Barcelona: Kairós, 2012.

Whitman, Walt. *Hojas de hierba*. Madrid: Alianza, 2012.

Wood, Cristopher. *The Pre-Raphaelites*. Londres: Widenfeld and Nicolson, 1983.

Woodman, Marion. *Danzando entre llamas*. Barcelona: Luciérnaga, 2002.

Woolf, Virginia. *Una habitación propia.* Barcelona: Seix Barral, 1980.

Yourcenar, Marguerite. *Memòries d'Adrià*. Barcelona: Laia, 1984.

Zambrano, María. *Claros del bosque*. Barcelona: Seix Barral, 1993.

Zaragoza, Joana y Fortea, Gemma (eds). *Mirades sobre la dona a Grècia i a Roma*. Tarragona: Arola Editors, 2012.

Zweig, Connie. Prólogo en *Encuentro con la sombra*. Barcelona: Kairós, 2004.

Zimmer, Heinrich. *Mitos y símbolos de la India*. Madrid: Siruela, 2008

editorial airós

Puede recibir información sobre
nuestros libros y colecciones inscribiéndose en:

**www.editorialkairos.com
www.editorialkairos.com/newsletter.html
www.letraskairos.com**

Numancia, 117-121 • 08029 Barcelona • España
tel. +34 934 949 490 • info@editorialkairos.com